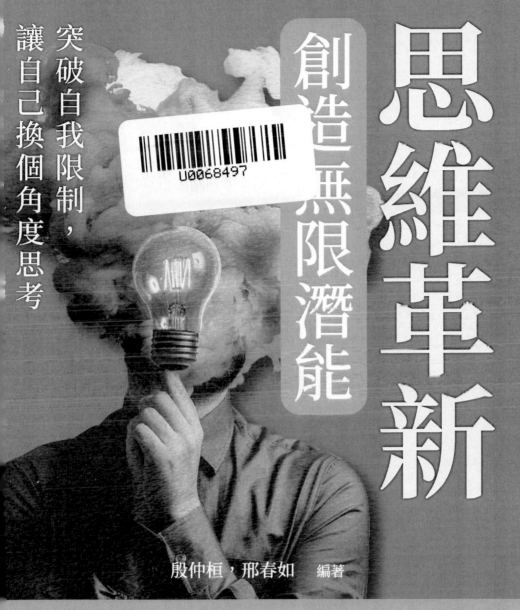

思維革新

創造無限潛能

突破自我限制，
讓自己換個角度思考

殷仲桓，邢春如　編著

突破傳統，勇於挑戰常規

以不同的思維激發創新力量
挖掘深藏於頭腦深處的創意
創新是成功不可或缺的重要元素
善用創意思維實現個人和事業上的成功

日錄

第一章
突破常規的創新思維

目錄

第二章
精心策劃的創新藍圖

第三章
洞察深奧的創新智慧

第四章
探索靈活的創新方法

前言

　　小故事，大智慧，智慧是創造成功的泉源。這是一個人人追求成功的時代，智慧的力量具有創造成功態勢的無窮魔力！即具有成功暗示的隨著靈感牽引的成功力。

　　美國著名成功大師戴爾‧卡內基（Dale Carnegie）說：「只要你想成功，你就一定能夠成功。」

　　美國著名潛能學權威安東尼‧羅賓（Anthony Robbins）說：「成功總是伴隨那些有自我成功意識的人！」

　　其實也是這樣，如果一個人連敢想、敢做的心理準備都沒有，那還談何成功呢？

　　成功是一種無限的高度，成功是一種追求的過程。可是很多人不敢去追求成功，不是他們追求不到成功，而是因為他們心理面預設了一個「高度」，這個高度常常暗示自己的潛意識：成功是不可能的，這是沒有辦法做到的。

　　「心理高度」是人無法取得成就的根本原因之一。人生要不要跳躍？能不能跳過人生的高度？人生能有多大的成功？人生能否實現自我超越？這一切問題並不需要等到事實結果的出現，而只要看看一開始每個人對這些問題是如何思考的，就已經知道答案了。

前言

在人生追求成功的過程中不可能沒有障礙，但只要有成功的心智，我們就可以從人生的谷地走出，攀援到人生的峰頂。我們等待成功的到來，這種成功是伴隨理想追求的人生紀錄，而每個人的成功故事匯成了成功追求過程中最精彩的篇章和最動人的驛站。

在這個追求成功的時代裡，我們需要懂得成功的方法，更需要學習成功的事蹟，用以開啟成功智慧的行為。成功不在我們追求的終點，也不在寒不可及的高處，它就在你追求的過程之中。

為了掌握開啟人生的金鑰匙，實現成功的財智人生，我們收集了成功勵志的智慧故事，編撰了這本書。本書故事精彩，內容縱橫，伴隨整個人生成功發展歷程，思想蘊含豐富，表達深入淺出，閃耀著智慧的光芒和精神的力量，具有成功心理暗示和潛在智慧力量開發的功能，具有很強的理念性、系統性和實用性，能夠造成啟迪思想、增強心智、鼓舞鬥志、指導成功的作用。這套書系是當代成功勵志故事的高度濃縮和精華薈萃，是成功的奧祕，智慧的泉源，生命的明燈，是當代青年樹立現代觀念、實現財智人生的精神奠基之作，也是各級圖書館珍藏的最佳精品。

第一章

突破常規的創新思維

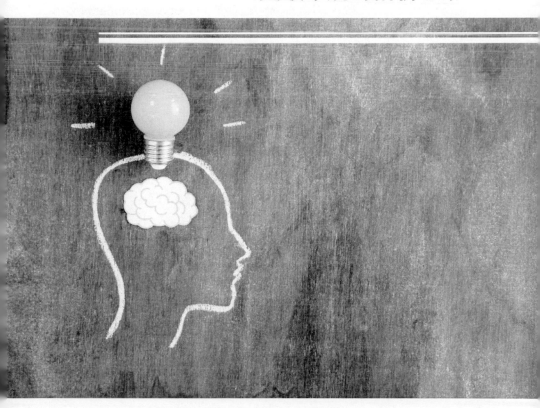

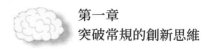
創新帶來的力量

　　創新是一個非常古老的詞。在英語裡，創新（innovation）一詞起源於拉丁語裡的「innovare」，意思是更新、製造新的東西或改變。美國總統華盛頓（George Washington）在其 1796 年的告別演講中，告誡美國人民要「保持創新精神」。《漢語・敘傳下》中也有「禮儀是創」；顏師古注為「創，始造之也。」

　　然而，創新成為一種理論則是 20 世紀初的事情。美籍奧地利人、美國哈佛大學教授約瑟夫・熊彼得（Joseph Schumpeter）第一個從經濟學角度系統地提出了創新理論。熊彼得在其 1912 年德文版的《經濟發展理論》（*The Theory of Economic Development*）一書中，運用創新理論解釋了發展的概念。他認為：「……生產意味著把我們所能支配的原材料和力量組合起來。生產其他的東西，或者用不同的方法生產相同的東西，意味著以不同的方式把這些原材料和力量重新組合。只要是當「新組合」最終可能透過小步驟的不斷調整從舊組合中產生的時候，那麼就肯定有變化，可能也有增加，但是卻既不產生新現象，也不產生我們所意味的發展。當情

況不是如此，而新組合是間斷地出現的時候，那麼具有發展特點的現象就出現了。……當我們談到生產手法的新組合時，我們指的只是後一種情況。因此，我們所說的發展，可以定義為執行新的組合」。

創新具有多個層面。根據所強調方面的不同，對創新會有各種不同的定義。有的東西之所以被稱為創新，是因為它改善了我們的生活品質；有的是因為提升了工作效率或鞏固了企業的競爭地位；有的被稱為創新，是因為它對經濟具有根本性的影響。但創新並不一定非得是全新的東西，舊的東西以新的形式出現或以新的方式結合也是創新。

創新也不一定非是一件物品，它也可以是一種無形的東西。例如，IBM（美國國際商業機器公司）的財務人員發明了商業票據（Commercial Paper），繞過了銀行的「馬奇諾」防線，引起了一系列的金融創新。可見，創新是廣泛存在的。經濟學對創新的一般定義是，創新是企業家向經濟中引入的能給社會或消費者帶來價值追加的新東西，這種東西以前未曾從商業的意義上引入經濟之中。

技術創新的定義有廣義和狹義之分。狹義的技術創新是指創造新技術並把它引入產品、工藝或商業系統中去，或者創造了全新的工藝技術以及對現有技術的改進。廣義地講，技術創新指由技術變化所引起的一系列行銷、管理、技術、

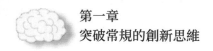

市場和企業組織變化或產業和經濟系統的演化。

　　在工商管理中，技術創新常被認為是企業產生新的或改進的產品和生產工藝的過程，所涉及的活動範圍有：構思的產生、開發及其商業化，以及新的和改進的產品、工藝和服務在整個經濟中的擴散。英國經濟學家弗里曼（Christopher Freeman）指出，工業創新包括新（或改進）產品的行銷或新（或改進）工藝第一次商業化。

　　1902 年春天的一個黎明，一位名叫詹姆斯‧彭尼（James Penney）的年輕人在凱默勒、一個坐落在懷俄明州西南角的邊境城鎮上，開設了一家雜貨店。他將這店取名叫「黃金準則」，以牢記他父親根據聖經戒律向他提出的處理人際關係的告誡：「你怎麼對待別人，別人就會怎麼對待你。」他向全鎮送發了大量傳單，以告知商店開業的日子。開業那天，彭尼商店一直到子夜時分才打烊，當日銷售額為 446.59 美元。從那以後，每星期除了星期日是早上 8 點開門外，其餘幾天他從早上 7 點開始營業。晚上則要等到街上已沒有一個礦工或牧羊人才關門。第一年商店的營業額是 28,898.11 美元。

　　在凱默勒，彭尼面對著一個強而有力的競爭對手。這個城鎮主要是由一家礦業公司掌管，它所開設的商店實際在該地居壟斷地位，因為那裡的大多數業務是以賒銷或以公司發

給代價券方式成交的。彭尼商店既不提供任何賒銷業務，也不能接受各種代價券。它所能提供的只是品質上乘的商品，使顧客願意掏出現金，將東西買回家去。彭尼商店也不做任何新奇的裝潢，所有的商品都只是放在櫃檯上，讓顧客看得見，摸得著，而且不論顧客購買多少，商品單價保持不變，彭尼商店還實行了退貨服務：如果顧客對買的東西不滿意，他們完全可以將它退回，並如數取回貨款。

　　彭尼並不滿足於只開一家店。隨著凱默勒那家商店的日益興隆，他考慮再開設一些商店。1905 年，他已擁有兩家商店，總銷售額接近 10 萬美元。1910 年，彭尼將公司的名字由「黃金準則」改為 J.C. 彭尼公司。這時，他的連鎖商店已發展到擁有 26 家零售店，分布在西部的 6 個州。他保留了在凱默勒行之有效的策略，努力給他的顧客貨真價實的商品 —— 這通常是指盡可能低的價格。

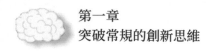

成功與創新密不可分

創新，作為最有革命性的資本，將為人們帶來無盡的財富，將是人生走向成功的精神導師。

J.C. 彭尼公司的經歷證明了創新必勝，保守必敗這個深刻而淺顯的道理。J.C. 彭民公司曾經成功過，但後來卻不管是否已經過時，始終死抱住那老一套的企業成功經驗。那時，消費大眾已日益要求獲得消費者信貸，並希望最好能在一家商店買齊所需商品，而不必跑了這家又那家，同時人口的遷移也在趨向大城市及其近郊。但是，在這種新形勢下，由於某些原因，彭尼公司並沒有跳出那基本上是在鄉村小鎮裡實行的付現自運賣的老舊框架，使得自身無法繼續擴展，只得在順應潮流的競爭對手的合圍中苦苦掙扎。最後，是一位主管職員的一份批評性的備忘錄 —— 他因越級上報而冒著砸飯碗的風險 —— 才使得公司終於如夢方醒，意識到迫切需要對 40 年來一貫堅持的經營路線和方針進行深刻反省。

還有一個發生在日本的例子。

有一天，鴻池與他的傭人發生摩擦。傭人一氣之下將火爐中的灰拋入濁酒桶裡（川德末期日本酒都是混濁的，還沒

有今天市面上所賣的清酒），然後慌張地逃跑。

第二天，鴻池檢視酒時，驚訝不已地發現，桶底有一層沉澱物，上面的酒竟異常清澈。嘗一口，味道相當不錯，真是不可思議！後來他經過不懈的研究，發現了石灰有過濾濁酒的作用。

經過十幾年的鑽研，鴻池製成了清酒，這是他成為大富翁的開端，而鴻池的傭人永遠不能知道：是他給了鴻池致富的機會。

這樣的例子還有很多，只要你善於觀察，勤於思考，就會發現身邊的機會很多。

住在紐約郊外的札克，是一個碌碌無為的公務員，他唯一的嗜好便是滑冰，別無其他。

紐約的近郊，冬天到處會結冰。冬天一到，他一有空就到那裡滑冰自娛，然而夏天就沒有辦法到室內冰場去滑個痛快。

去室內冰場是需要錢的，一個紐約公務員收入有限，不便常去，但待在家裡也不是辦法，深感日子難受。

有一天，他百無聊賴時，一個靈感湧上來：「鞋子底面安裝輪子，就可以代替冰鞋了。普通的路就可以當作冰場。」

幾個月之後，他跟人合作開了一家製造 roller-skate 的小

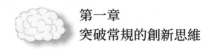

工廠。做夢也想不到，產品一問市，立即就成為世界性的商品。沒幾年功夫，他就賺進 100 多萬。

有了機遇還不夠，還要有實力，實力就是要善於觀察，有對生活的衝動。機遇只垂青於那些勤於思考的人。不然，有那麼多人刮鬍子、用鉛筆，而發明安全刀片、帶橡皮頭鉛筆的卻只有一個。

對生活充滿信心吧，相信你的未來不是夢。

突破常規，成功隨之而來

常言說：「人無我有，人有我優，人優我轉。」這句話是成功的精髓所在，換句話說就是，標新立異可以獨領風騷，只有那些能不斷創新的人可以不斷獲得成功。模仿與抄襲也許可以成功一時，但不能永久發達。當形勢與環境發生變化時，唯有標新立異的人才可以從一個成功走向新的成功，即使暫時遇挫，也會東山再起。

著名的日本索尼公司創始人盛田昭夫就是一個不斷創新的人。

1946 年，盛田昭夫的索尼公司成立時，他在公司的宗旨上赫然寫著：「公司絕對不搞抄襲偽造，而專選他人今天甚至以後都不易做成的商品。」

如果說在建立事業的最初，這條宗旨說明了公司的原則和奮鬥目標的話，那麼之後，實施和堅持這條宗旨則成了盛田昭夫接連成為市場競爭大贏家的祕訣之一。

一般日本企業經營的基本方法是大量生產、大批銷售，但盛田昭夫走的並不是這條路。他的方式正如上述那一條宗旨所要求的，首先投資開發研究，創造出其他公司難以模仿

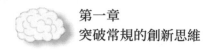

的產品。即便是這種商品被其他競爭者趕上了，還有新的產品出現。盛田昭夫的經驗在於標新立異，重在以新取勝，依靠技術不斷開拓新的市場。

50年代初，收音機在日本還不是十分普及，但人們已經逐漸意識到了收音機的好處。收音機市場大有潛力可挖。很多製造商都看準了收音機市場必將大爆發的那一天，因而紛紛大批次生產。

當時流行的收音機並非很完美，而是存在很大的缺點。其內部幾乎全部使用笨重易熱的真空管，體積大得不得了。耗電量又高，並且不能隨身攜帶。

井深大和盛田昭夫在當時也被收音機市場的潛力引誘著，但又深怕背負上未來市場過剩的競爭壓力。這時井深大總經理抓住了流行收音機的缺點，設想：如果索尼（當時名叫東京通訊工業公司）生產的收音機能夠克服這些缺點，必然會大受消費者的青睞，獨占收音機市場的鰲頭，成為技術革新的領導者。

盛田昭夫想要研製一種能攜帶甚至可以放在襯衫口袋裡的小型收音機。要實現這一點，就必須以半導體取代真空管。而半導體的專利權，當時只在美國有，發明它的是肖克利博士（William Shockley）。

1952年，他們專門為半導體的事去了一趟美國，想要引

進肖克利博士發明的半導體專利。1953 年，盛田昭夫與擁有半導體專利權的西方電氣公司簽訂了專利合約。

在簽訂這項專利合約之前，盛田昭夫寄了一封信回公司，因為西方電氣公司告訴盛田昭夫，這種專利只適合生產助聽器。接到信後的井深大立即與公司的技術骨幹開會商討。大家最後一致認為雖然存在風險，但憑藉公司的優勢和技術力量，為了占領新的市場，這個險值得一冒。他們決心把半導體引入收音機。

貝爾實驗室（The Bell Labs）的半導體用的是一片鍺，兩邊塗上銦，鍺是陰極，銦是陽極，其組合方式是「陽極—陰極—陽極」。盛田昭夫的研製小組想要得到較高的周波，就要用「陰極—陽極—陰極」的組合取代貝爾實驗室的組合。可他們找不到合適的材料。銦的融點太低，銻也不適合，於是想用磷來代替銻。但馬上有人指出，貝爾試驗室這樣嘗試過，結果失敗了。當時，美國的科技水準非常高，因此貝爾實驗室的話就像聖旨一樣。但他們還是嘗試所謂的磷膠法，一年之後，被貝爾實驗室宣判死刑的磷膠法終於獲得了成功。

最終在 1955 年，盛田昭夫推出日本的第一批小巧玲瓏的半導體收音機。這批第一次標有「SONY」字樣的產品一出世便令同行和消費者驚詫。「SONY」牌收音機一下子風靡日

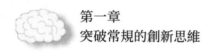

本。原來的真空管收音機頃刻之間成為陳舊的過時貨。

時隔不久，盛田昭夫生產出的更小的口袋型半導體收音機大批上市。這種收音機隨身可帶，就像手錶一般便捷，在社會上形成了一種新時尚，標新立異的索尼公司頓時引起人們的極大注意，「SONY」成了家喻戶曉的名牌。

標新立異使盛田昭夫能贏得消費者的心，在市場競爭中出奇制勝。同行企業在對盛田昭夫既嫉妒又羨慕的時候，開始研究他的特點，研究結果之一就是他總在以新取勝。

以新取勝的確是他的一個重要特點。索尼公司不斷推出新產品。其他公司對新產品先是小心翼翼地觀望，一見銷售勢頭看好，馬上跟進生產類似產品。但這時他已經獨享市場一年以上。隨著科技的日益發展，這種跟進的時間雖然也在縮短，但盛田昭夫總能領先幾個月，保持住創新帶來的優勢。

盛田昭夫寫過一段耐人尋味的話語：「我們的計畫是用新產品來帶領大眾，而不是被動地去問他們要什麼產品。消費者並不知道什麼是可能的，但是我們知道。因此我們不去做一大堆市場調查，而是不斷修正我們對每一種產品及其效能、用途的想法，設法依靠引導消費者，與消費者溝通，來創造市場。」這段話加深了對索尼公司標新立異的理解，展現了索尼公司的一個基本精神。

　　風靡全球的「Walkman（隨身聽）」就是這種精神的產物之一。

　　一天，總經理井深大提著手提式錄音機和一副耳機，來到盛田昭夫的辦公室，一臉不高興的樣子。盛田昭夫關切地問他有什麼心事。井深大一攤手，一臉無奈地說：「我喜歡聽音樂，可又不希望影響別人，又不能整天坐著不動，只好提著錄音機走，可這實在是太沉重了，這份疲累哪是我這老頭子能受得了的？」

　　盛田昭夫靜靜地聽著，突然從椅子上彈了起來，一臉興奮的光彩。原來井深大這番抱怨的話一下子點燃了盛田昭夫的思維與想像。他想，能否研製一種小型的隨身攜帶的錄音機呢？如果研製成功的話，井深大總裁不就再也不會抱怨手提式錄音機的沉重了嗎？當然，它會更好地滿足那些須臾也離不開音樂的年輕人。

　　不久，一臺「隨身聽」的樣品造出來了，精緻而小巧、音效也非常得好。以盛田昭夫為首的技術骨幹認定「隨身聽」一定會風靡起來，但銷售人員則認為這種產品連一點銷路都沒有。於是，在公司內對「隨身聽」形成了反對派和支持派兩種截然不同的意見。面對反對聲，盛田昭夫堅持己見，並說明由自己負起全部責任。由於「隨身聽」適合消費者的需要，價錢（3 萬日元）也適合年輕人的腰包，結果一

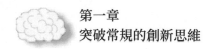
上市就被搶購一空，供不應求。面對雪花般飛來的訂單，索尼公司必須以自動化生產來應付。與此同時，「隨身聽」也大大刺激了索尼公司的耳機研製，使他們躋身全世界最大耳機製造商之林，在電子產品大國日本也占據了 50% 的市場。由於美名遠揚，連著名指揮家卡拉揚（Herbert von Karajan）等音樂大師也來索尼公司訂購「隨身聽」。

幾十年來，索尼公司在盛田昭夫標新立異的思想指導下，發明創新，直接促使技術產品化，產品利潤化。

勇於創新，解放潛能

　　海螺的殼相當堅硬，牠生活得無憂無慮。因為牠深信，只要牠不把頭伸出來就無人傷害得了牠。

　　海螺的好朋友蝶魚羨慕地對牠說：「螺兄，你的要害實在保護得相當嚴密，只要蓋上外殼，誰也無法傷到你，這的確是十分美妙的構造。」

　　海螺很自信地說：「只要我這樣，就不會有任何煩惱。」

　　此時，突然傳來叮的一聲，海螺立即緊閉外殼，「到底是什麼聲音呢？難道是魚鉤嗎？以前曾經有過這種事情，千萬不可大意。也許，蝶魚已經被捉住了，不曉得牠現在如何了。幸好，我還能平安地活著，真該感謝我這堅硬的外殼啊！」

　　經過了一段時間，海螺心想，現在開啟外殼，應該沒問題了吧？

　　於是，海螺就把頭伸出來，看看四周。

　　這一看，嚇了海螺一跳。牠發現周遭的環境相當陌生。

　　仔細一看，原來自己的身上，已經被貼著「50 元」的牌子，被擺在海鮮店的攤位上。

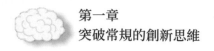

第一章
突破常規的創新思維

海螺的殼是牠的保護傘，牠以此為傲，認為只要自己把殼關得緊緊的，就可以不怕任何危險，就可以高枕無憂了。

海螺只看到了自己的小世界，牠認為只要保護好自己就行了。牠沒有看到殼外的大世界，外面有海水，有鯊魚，也有漁網。牠終究因為自己的固守被人捉去貼上了標籤。

海螺習慣於自己的殼，可不願、不想、不敢脫離這個讓自己不能早日發現危險的東西，走不出自我。就像在自己的習慣思維束縛下，圍著樁子打轉的馬。其實，豈止是馬，就連力大無比的大象，被習慣束縛後也只能圍著樁子打轉。

小象喬治出生在馬戲團中，牠的父母也都是馬戲團中的老演員。

小象喬治很淘氣，總想到處亂跑。工作人員便在牠的腿上拴上一條細鐵鏈，另一頭綁在鐵桿上。

小喬治對這根鐵鏈很不習慣，牠用力掙扎，掙脫不了，無奈的牠只好在鐵鏈範圍內活動。

過了幾天，喬治又試著想掙脫鐵鏈，可是還沒能成功，牠只好悶悶不樂地老實下來。

一次又一次，小喬治總也掙不脫這根鐵鏈。

慢慢地，牠不再去試了，牠習慣了鏈子，再看看父母也是一樣，好像本來就應該是這個樣子。

喬治一天天長大了，以牠此時的力氣，掙斷那根小鐵鏈

簡直不費吹灰之力，可是牠從來也想不到這樣做。

牠認為那根鏈子對牠來說，牢不可破，這個強烈的心理暗示早已深深地植入牠的記憶中了。

一代又一代，馬戲團中的大象們就被一根有形的小鐵鏈和一根無形的大鐵鏈拴著，活動在一個固定的小範圍中。

據說，長久關在籠子裡的鳥，如果把牠從籠子裡拿出來，這隻鳥竟然不會飛了。可見，那些束縛人的東西足以毀滅一些人自然的天性，使人成為另一種意義上的奴隸。其實，你只要能夠掙脫習慣思維的束縛，精彩的世界是大有你展翅翱翔的空間的。

曾經有一個在一所中學做了 25 年的清潔工被新上任的校長辭退了。

這個清潔工陷入了極度的恐慌和煩亂之中。25 年來，他除了會打掃垃圾，沒學過任何一種可以謀生的手段，失業就意味著等待死亡。他在房間裡呆坐到晚上十點多鐘，才意識到自己已經一天沒有吃東西了。他原有個嗜好，晚餐一定要有一小碟香腸，可是，現在沒有了。這時，他才想起唯一一家賣香腸小店的那位老太太剛剛去世，「哎，既然這裡沒有別家香腸店，我何不去開一家試試？」

第二天，他拿出所有積蓄，把老太太的香腸店盤了過來。幾天後，他在賣香腸時發現，好多顧客從別處買了麵包

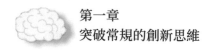

又到他這裡買香腸，然後把麵包掰開，把香腸夾在麵包裡邊走邊吃趕去上班。他想，自己何不也弄些麵包來賣，省得人們耽誤時間。他不但這樣做了，而且還把香腸蒸熱了夾在麵包裡賣，後來還改變了香腸的配料。夏天，他發現人們因為天氣炎熱而不到戶外購物，就僱人推車到各個住宅區，挨家挨戶地叫賣，受到了人們的普遍歡迎。他的生意越做越大，後來開了分店，最後成了著名的「熱狗」大王。

擺脫過去習慣思維的束縛，你會發現原來你可以做許多事，更廣闊的天地只有從自己習慣的小鐵屋子裡出來才會發現。

一位年輕而又具優美歌喉的歌手，當他在為他的歌迷們盡情高歌時，青春期聲帶的變化，使他的嗓子發出了一陣破鑼般的濁音，使他的觀眾們大吃一驚。他不但沒有傷心，卻轉而成為家喻戶曉的著名喜劇演員：鮑伯·霍伯（Bob Hope）。

意外的事情肯定要發生，成功的人會利用意外事件；不成功的人則轉向了內心，而且從不聽別人的說法。

著名的喜劇演員傑克·本尼（Jack Benny）原本是一個音樂家。最初學習拉小提琴，希望有朝一日能在小型音樂會上演奏。在進入喜劇圈之前，他曾從事輕歌劇、雜耍等的演出。

　　具備創造力的人，在成功之後，拒絕把自己固定在某一種職業上，他們要嘗試各種不同的事物。身為電影明星，想飾演不同性格的角色，無論喜劇還是悲劇；身為一位歌唱家，則想演唱多種不同風格的歌曲；作家呢，則想撰寫體裁廣泛的文章、小說、劇本等。

　　我們這裡要說的不要拒絕，其實就是一種成功的原則，即不要使自己成為「定型角色」。阿諾‧史瓦辛格（Arnold Alois Schwarzenegger）每演一部電影的片酬為 800 萬美元。你想過嗎？他要是真會演戲的話也許根本不可能獲得這麼高的片酬。

　　世界是經常變化的，人也不能固守著自己的思維而不突破自我。有優勢的人常常以為倚仗自己的優勢就可以無所不利，他忽略了當外面的世界變化時，優勢也不會永遠保持下去，不突破習慣的束縛，優勢也會變成劣勢。

　　曾經有一個人做生意失敗了，但是他仍然極力維持原有的排場，唯恐別人看出他的失意。

　　他想尋求以前的合作夥伴的幫助，於是就舉行了一次宴會。他租用私家車去接客，並請表妹扮作女傭，佳餚一道道地端上，他以嚴厲的目光制止自己久已不嘗肉味的孩子搶菜。雖然第一瓶酒還沒喝完，他已砰然開啟櫃中最後一瓶 XO。但是當那些早已了解他的現狀的客人酒足飯飽，告辭離

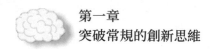
去時，每一個人都熱情地致謝，並露出同情的目光，卻沒有一個主動提出幫助。

他徹底地失望了。他百思不得其解，一個人走在街頭，突然看見許多工人在扶正那些被颱風吹倒的行道樹，工人總是先把樹的枝葉剪去，使重量減輕，再將樹推正。

看到這，他突然醒悟了。於是，他放棄過去的場面，重新從小本生意做起，並以低姿態去拜訪以前商界的老友，而當人們知道他的小生意時，都盡量給予方便，購買他的東西，並推薦給其他公司。

沒過幾年，他又在商場上站立了起來，而他始終記得鋸木工人的一句話：「倒了的樹，如果想維持原有的樹枝，怎麼可能扶得動？」人也只有擺脫習慣思維的束縛，會才有進一步的發展。

挖掘創意的源泉

　　人們在創造性過程中，某些新形象、新概念、新思維、新思路突然產生，就像「山重水複疑無路」，進入「柳暗花明又一村」；又如「忽如一夜春風來，千樹萬樹梨花開」。

　　人們在科技創造活動中，創造性思維時有受阻，使創造性活動陷入困境。儘管冥思苦想，仍不得其解。有時卻突然得到某種啟發、某種啟示、某種類比、某種聯想等，突然領悟，茅塞頓開。

　　人們在藝術創造過程中，也存在靈感現象。有的詩人有時候幾天也寫不出一個恰當的詞句，但是受到某種意境的觸動，詩興大發，浮想聯翩，文思潮湧，動人的詩篇，一揮而就。

　　著名科學家在 1940 年代的一天，他家的狗跟著小貓鑽洞，狗怎麼也鑽不進洞裡，急得小狗汪汪直叫。這時他的女兒跑來趕狗，他卻笑著對他女兒說，你是不是學學牛頓，在這個洞口旁邊，再開一個比阿龍（狗名）大一點的門呢。一提到牛頓，他突然想起反作用力，從而他提出了「地應力」這個概念。

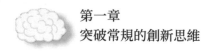
　　榮獲戴維遜獎的數學家曾經說過：「我一頭扎進了對『巴爾姆斷言』的證明。一次又一次似乎到了解決的邊緣，但是一次又一次都沒有達到最終的目的。我早起晚睡，夜以繼日，利用了全部可以利用的時間，吃飯、睡覺、走路，頭腦中也總是縈繞著『巴爾姆斷言』。難啊，確實是真難……時間一天天過去，一個證明的輪廓逐漸在頭腦中形成了，但有一些問題還證明不了，就像一座大山擋住了去路。我把已經得到的進展整理成一篇文章。當時我正在外地實習，就讓一位同學帶回學校去請教老師。我送那位同學上火車站。就在火車將要開動之前，在我的始終考慮的頭腦裡閃過了一星火花，似乎在擋路的大山裡發現了一條幽徑。於是，我把那文章留下，立刻在車站旁的石頭上坐下來，拿出筆推導起來。果然，一星火花照亮了前進的道路，曲折的幽徑越來越寬。十幾分鐘以後，最後這一座大山終於拋到我的後面去了。『巴爾姆斷言』完全得到了證明。好容易，只用十幾分鐘就完成了。」

　　靈感不僅是科學創造過程中的心理現象，也是藝術創造過程中的心理現象。科學家在科學創造中會出現靈感現象，藝術家在藝術創造過程中也會出現靈感現象。

　　偉大的文學家魯迅，曾對向他約稿的《晨報》編輯說過：「阿Ｑ的形象，在我心目中似乎確已有了好幾年，但我

一向毫無寫出來的意思。經這一提，忽然想起來了，馬上便寫了一點，就是第一章：序。」

　　偉大的文學家、詩人郭沫若在回憶他的代表著作〈地球，我的母親！〉這首詩的靈感體驗時說：「那天上半天跑到福岡圖書館去看書，突然受到了詩興的襲擊，便出了館，在館後的僻靜的石子路上……踱來踱去，時而也索性躺在路上睡著，想真切的和地球母親『親暱』、感觸她的皮膚受她的擁抱。──這在現在看起來覺得是有點發狂，當時卻委實是感到迫切。」郭沫若曾經談到〈鳳凰涅槃〉這首詩寫作時的靈感。他說：「〈鳳凰涅槃〉這首長詩是……課堂裡聽講的時候，突然有詩意襲來……寫出那詩的前半。在晚上行將就寢的時候，詩的後半的意趣又襲來了，就在枕上用鉛筆只是火速地寫，那明顯是表現詩意襲出了一種神經性的發作，那種發作大約也就是所謂的『靈感』吧！」

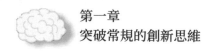
人的頭腦不是一塊「白板」

人的頭腦具有無窮的潛力，關鍵在於挖掘她的主體——人自身如何發揮她的價值！

對於人類來說，認識外界事物不容易，認識人自己更難。而認識人自己的頭腦，則要難上加難了。

在歐洲，18 世紀的機械唯物主義者認為，人的頭腦在認識外界的事物之前，是空無一物的，就像一塊乾乾淨淨的「白板」（empty tablet）；當需要認識的東西，如自然的事物、社會的活動或別人的思想觀念等，進入頭腦之後，便能夠清楚地印在這塊「白板」上。外界有什麼樣的東西，「白板」上就有什麼樣的東西。反過來說，「白板」上所有的東西，也一定能夠在外界事物中找到原型。

按照「白板論」的觀點，閉上雙眼，任何東西都看不到，處在「一片空白」的狀態。然後一睜眼，那麼處在視線之內的所有東西——圖書、稿紙、眼鏡、水杯、原子筆等等，都會毫無遺漏地透過雙眼進入頭腦。頭腦對於來自外界的「客人」則是一視同仁，兼收並蓄。如此一來，便很難產生「創新」、「發明」之類的事情了。

然而，頭腦的實際運作情況並非如此。

心理學家曾經做過這樣一次實驗：把一位飢腸轆轆的人蒙上雙眼，在他面前擺放了一堆東西，其中有一小塊不起眼的麵包；然後取下他的矇眼布，那位受試者幾乎一眼就看見了那塊麵包，抓起來便吃，事過之後，再問他那堆東西裡，除了麵包還有什麼。他竟茫然不知。

其實，在日常生活中我們也有類似的經驗。在一大群擁擠的人中，首先看到自己要找的人；掃一眼報紙的廣告版，便能抓住自己感興趣的廣告；等等。

所有這些都證明，人的頭腦在認識外界事物之前，並不是空無一物的「白板」，而是已經存在著某種東西了。

科學實驗和生活經驗都已經證明，我們的頭腦把外界輸入的各類訊息經過處理之後，進而做出選擇。這是頭腦能夠產生創意思維的現實根據。其中較為重要的幾種選擇是：實踐目的、價值模式、知識儲備等。

頭腦中的實踐目的，就是我們在思考事物或者解決問題時所要達到的目標，其語言表示式就是：「為了……」。

每個人在做任何事情的時候，都預先有一個明確的目的。這個目的指導著人的思考和行為，並且自己能夠意識到目的的存在，並能想像目的的實現以後的美好情景。

於是，我們的頭腦就產生了「傾向性」：對於符合自己

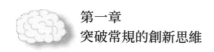
實踐目的的事物和問題，將會給予加倍的注意；而對於那些
與實踐目的無關的東西，則拒之千里。

　　某些事物一千次、一萬次地出現在我們的視線內，我們
卻「視而不見」。其根本原因就在於，那些事物不符合我們
的實踐目的，頭腦感到沒有必要去理睬它們。比如，某警官
學校，畢業班學員正端坐在三樓的教室裡，神情緊張地等待
著即將來臨的畢業考試。只見考官走進教室，邁向講臺，對
學員們說：「全體注意，現在考試開始！請你們立即跑步到
一樓，然後跑步返回教室！」

　　學員們儘管迷惑不解，但是只能服從命令。他們趕快
跑到樓下，又跑回三樓的教室。學員們剛坐下喘息未定，
考官的問題已經出來了：「請問從一樓到三樓，共有幾級樓
梯？」

　　對於絕大多數人來說，樓梯只是上樓下樓的通道，能夠
達到這個實踐目的就行了，而沒有必要關心它究竟有幾級。
但是對於一名警官來說，他應該具有比常人更為敏銳的觀察
力，能夠打破通常的「實踐目的」對自己的約束，以便發現
與「偵破案件」這一實踐目的相關的各類資訊。

知識是創新的基礎

　　時代潮流發生天翻地覆的變化，擁有知識是擁有智慧的基礎，也是創新的基礎。

　　在進行任何一項創意思維之前，我們頭腦中總要有一些預備性的知識。頭腦把這些知識作基礎，然後構想出改進物品或解決問題的新方法。

　　著名物理學家費米（Enrico Fermi）在一次演講中曾經提到這樣一個問題：

　　「芝加哥市需要多少位鋼琴調音師？」

　　然後，費米自己解答說：

　　「假設芝加哥有 300 萬人口，每個家庭 4 口人，而全市 1/3 的家庭有鋼琴；那麼芝加哥共有 25 萬架鋼琴。每年有 1/5 的鋼琴需要調音，那麼，一年共需調音 5 萬次；每個調音師每天能調好 4 架鋼琴，一年工作 250 天，共能調好 1,000 架鋼琴，是所需調音量的 1/50。由此推斷，芝加哥共需要 50 位鋼琴調音師。」

　　這是一個典型的「連鎖比例推論法」，在解決實際問題和獲得創意思維的過程中經常被採用。在這種推論中，需要

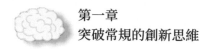
很多預備性知識作基礎。比如，你應該知道「有鋼琴家庭」所占的比例、調音師的工作效率、工作時間等。

值得注意的是，知識自身就隱含著某種價值觀念，並構成一種特定的框架，從而對頭腦的觀察範圍和思考偏向做了預先的規定。凡是與這種規定相吻合的，頭腦會加倍予以關注；而與這種規定無法溝通、風馬牛不相及的，頭腦就會毫不留情地把它們拒之於大門之外。

每個人頭腦中所思考的事物和問題，都受制於自己的知識水準。正如每個人喜歡讀的書不同，除了欣賞趣味之外，其差異點主要是由知識程度決定的。誰都不願意去讀一本自己根本就讀不懂的書。

頭腦中的知識既是創意思維的必要前提，又有可能成為創意思維的制約因素。

逆向思維：變革傳統的方法

不循常規，反向求異，以奇取勝，此乃創意思維之一技也。

「逆向」思維，是一種同習慣思維或傳統思維方向相反的思維。因此，「逆向」思維也可視為「反傳統」、「反習慣」或「非傳統」、「非習慣」的思維。

人們的思維常常跟熟悉的東西相連繫，常常不知不覺地按照自己的傳統和習慣去思考問題，分析問題。我們姑且將這種思考方式稱之為傳統思維或習慣思維。

日常生活中見到的，90%以上屬於習慣思維。

傳統思維或習慣思維不見得都不好，因為不少人按照傳統和習慣去思考問題和分析問題，往往也能得出正確的結論。

但是，在按照「習慣」和「傳統」對複雜問題進行思維時，出錯是經常的，出新則幾乎沒有。

在轉折時期，在劇變時期，傳統思維或習慣思維更容易發生錯誤，甚至碰壁。要轉折，要變革，要策劃，就需要逆向思維。

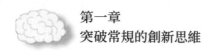

美國心理學家詹姆斯（William James）說，天才乃是能以「非習慣性的方式」去理解事物的人。這個說法很有哲理。

提倡逆向思維的理由至少有兩條：一是原來的活動方式的各種情況，各種細節，大家都按「傳統」和「習慣」思考過了，要想有所突破，只有反其道而行之，即「逆向」思維；二是傳統思維或習慣思維可能蘊含著某些不合理不科學的因素，長此以往，甚至可能出現某種「危險」，因此也需要提倡「逆向思維」。

一個猶太人走進紐約的一家銀行，來到貸款部，大模大樣地坐了下來。

「請問先生有什麼事情嗎？」貸款部經理一邊問，一邊打量著來人的穿著，豪華的西裝、高級皮鞋、昂貴的手錶，還有領帶夾。

「我想借些錢。」

「好啊，你要借多少？」

「我借 1 美元。」

「只需要 1 美元？」

「不錯，只借 1 美元，可以嗎？」

「當然可以，只要有擔保，再多點也無防。」

「好吧，這些擔保可以嗎？」

猶太人說著，從豪華的皮包裡取出一堆股票、國債等等，放在經理的寫字檯上。

「總共 50 萬美元，夠了吧？」

「當然，當然！不過，你真的只要借 1 美元嗎？」

「是的。」說著，猶太人接過了 1 美元。

「年息為 6%。只要您付出 6% 的利息，一年後歸還，我們就可以把這些股票還給你。」

「謝謝。」

猶太人說完，就準備離開銀行。

一直在旁邊冷眼觀看的分行長，怎麼也弄不明白，擁有 50 萬美元的人，怎麼會來銀行借 1 美元這種事情。他慌慌張張地追上前去，對猶太人說：

「啊，這位先生！」

「有什麼事情嗎？」

「我實在弄不清楚，你擁有 50 萬美元，為什麼只借 1 美元呢？要是你想借 30、40 萬美元的話，我們也會很樂意的。」

「請不必為我操心，只是我來貴行之前，問過了幾家金庫，他們保險箱的租金都很昂貴。所以嘛，我就準備在貴行寄存這些股票。租金實在太便宜了，一年只須花 6 美分。」

這是一則笑話，一則只有精明人才想得出來的關於精明人的笑話，這樣的精明，一般人是學不到的，因為它不僅是

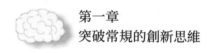

第一章
突破常規的創新思維

盤算上的精明，首先更是思路上的精明。

貴重物品的寄存按常理應放在金庫的保險箱裡，對許多人來說，這是唯一的選擇。但猶太商人沒有圈於常理，而是另闢蹊徑；找到讓證券等鎖進保險箱的辦法。從可靠、保險的角度來看，兩者確實沒有多大區別，除了收費不同，這就是猶太商人在思維方式上用的所謂「反向思維」。

通常情況下，人們是為借款而抵押，總是希望以盡可能少的抵押爭取盡可能多的借款，而銀行為了確保貸款的安全或有利，從不肯讓借款額接近抵押物的實際價值，所以，一般只有關於借款額上限的規定，其下限根本不用規定，因為這是借款者自己就會管好的問題。

然而，就是這個銀行「委託」借款者自己管理的細節，激發了猶太商人的「反向思維」：猶太商人是為抵押而借款的，借款利息是他不得不付出的「保管費」，既然現在沒有關於借款下限的規定，猶太商人當然可以只借 1 美元，從而將「保管費」降低至「6 美分」的水準。

這樣一來，銀行在 1 美元借款上幾乎無利可圖，而原先可由利息或罰沒抵押物上獲得的抵押物保管費也只區區 6 美分，純粹成了為猶太商人義務服務，且責任重大。

經營中的逆向思維就是要克服流向想法，按市場需求的實際，不循常規，反向求異，以異務奇，以奇取勝。

直覺思維的重要性

　　猜測、設想、頓悟，驀然回首，你發現你已前進了一步。

　　任與愛迪生（Thomas Alva Edison）合作的青年數學家阿普頓（Francis Robbins Upton）初到愛迪生的研究所時，愛迪生想考一考他的能力，於是給了他一隻實驗用的小燈泡叫他計算一下燈泡的容積。過了一會，愛迪生回來檢查，發現阿普頓正忙著測量計算，愛迪生說：「要是我，就往燈泡裡灌水，將水直接倒入量杯，看一下刻度，不就知道燈泡的容積了嗎？」阿普頓的計算才能或者說邏輯思維能力無疑是令人欽佩的，然而在這個問題上所缺少的恰恰是像愛迪生那樣的直觀思維能力。又如大數學家高斯（Johann Carl Friedrich Gauß）在上小學時即表現出具有相當高的直觀思維能力，高斯的老師讓全班同學計算 1+2+3+……+100= ？，除了高斯，其他同學全部按順序一個一個地加。這樣加，即使是一個大學生也得幾分鐘，即使是用計算機也得敲一會，而不到一分鐘，高斯就把正確答案擺在老師的面前。原來，高斯發現不按順序相加，而是兩頭相加，即：1+100=101、2+99=101、

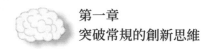

3+98=101、4+97=101⋯加下去有 50 個 101，那麼答案就是 50×101=5,050。

所謂直觀思維就是人們不經過逐步分析而迅速對問題的答案做出合理的猜測、設想或頓悟的一種躍進式思維。從上述愛迪生的例項我們可以知道，直觀思維是宏觀地把注意力放在事物的整體上的一種思維，它與邏輯思維的微觀地把注意力放在事物的各個部分上是很不相同的。

直觀思維有利於人們從一些偶然的整體事件中抓住問題的實質。例如：浮體原理的發現得益於阿基米德（Archimedes）在澡盆裡沐浴時看到的情景。從哲學上說，偶然的現象是難以預料的，因而也是難以用邏輯思維來解釋與判斷的，但是，直觀思維卻可以發揮作用，其結果往往會產生突破，形成飛躍，直至導致創造。

直觀思維對應於人類的第一信號系統，是建立在人類直觀感覺上，透過人的感覺（視覺、聽覺、觸覺等等）而進行的一種思維活動，把邏輯思維對應於人類的第二信號系統，認為這是建立在人類理性認知（概念、判斷及推理等等）上的思維。直觀思維雖然利用了人們的感性認知（如感覺、知覺、表象等等），但它絕不是停留在這一步上的，而是處在超越邏輯思維形式的最高一個層次上的思維。這相當於人類認知的過程：「感性 —— 理性 —— 感性」，而且是反覆認

知中的後一感性階段。因此，其結果雖然仍以直觀的形式表現出來，但實際上它已經在頭腦中進行了邏輯程式的高度簡縮，並且迅速地越過了「理性階段」，只是整個思維難以用語言來表達而已。因此，直觀思維來源於感性認知，但它又高於感性認知，絕不是與第一信號系統簡單地對應。

　　由上可見，直觀思維是一種完全不同於邏輯思維的創造性思維。直觀思維雖然能在創造中發揮很大作用，但由於它是一種躍進式思維，其整個思維過程只是在極快的時間內完成，以至難以用邏輯思維的語言來逐步加以分析與表述，因此，直觀思維就往往帶有一定的局限性與虛擬性，由此也經常導致一些錯誤的結論，諸如主觀臆斷等。

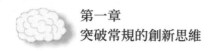
幻想思維的擴展性

沒有幻想，一個人既不能成為詩人，也不能成為哲學家，有機智的人，有理性的生物，也就不成其為人。

幻想屬於想像思維的另一種形式。所謂幻想，一般是指與某種願望相結合並且指向未來的一種想像。由於幻想在人們的創造活動中起著重要作用，所以創造學允許並且鼓勵人們對事物進行各式各樣的幻想。就地方專門為學生開設「幻想課」，其目的就是引導、培養人們進行各種形式的幻想，以增加學生的創造才能。

幻想思維的最主要特點是它的「脫離現實性」。幻想思維是從人們美好的目的「希望點」出發而進行的與現實性相脫離的一種想像。有人說，幻想雖然是必要的，但必須本著實事求是的精神，必須用科學的態度來對待它，而不能「脫離實際」。但在科學史上過去被認為純粹「脫離實際」、「毫無科學根據的幻想 —— 飛機」卻恰恰成了當今的現實。

最初，著名法國天文學家勒壤得（Adrien-Marie Legendre）就認為，要製造一種比空氣重的裝置去進行飛行是不可能的；稍後，德國大發明家西門子（Ernst Werner von

Siemens）也發表了類似的看法，由於他們的崇高威望因而極大地妨礙了製造飛機思想的發展；過後，能量守恆定律發現者之一，著名的德國物理學家亥姆霍茲（Hermann Ludwig Ferdinand von Helmholtz），從物理學的「科學角度」論證了機械裝置要飛上天純屬「空想」這一「科學結論」，使得德國的金融界各工業集團撤銷了原先對飛機研製事業的支持。最後，美國天文學家紐康（Simon Newcomb）又根據各種數據做了大量計算，從而「證明」了飛機甚至根本就無法離開地面。當然，現在我們已無法得知上述這些專家在論證中有哪些不對的地方，但現在我們已經知道了一個事實：那就是天上的飛機，整天在「走過來，走過去，沒有根據地！」首次把飛機送上天空的是在當時名不見經傳的美國人萊特兄弟（Wright brothers）。他們沒有上過大學，但他們思想活躍，富於幻想，他們憑自學成才，勇於探索未知領域的大無畏精神，最終於 1903 年取得了巨大成功。

由飛機的例子，我們發現：過分地強調「科學態度」會為創造帶來多大的危害。另一方面，我們也可以領略出幻想在創造性思維中有多麼重要。列寧（Vladimir Lenin）曾講過「有人認為，只有詩人才需要幻想，這是沒有理由的。這是愚蠢的偏見！甚至在數學上也是需要幻想的，甚至沒有它就不可能發明微積分。幻想是極其可貴的特質……」因此，我

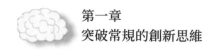
們應該鼓勵大膽的幻想思維，而絕不能簡單地加以「毫無根據」、「胡思亂想」的罪名。其實「胡思亂想」中的幻想也並非毫無根據，或者說沒有百分之一、千分之一的合理性。我們是否注意到，歷來就有不少「權威」們總是以「實事求是」、「科學態度」的大帽子，壓制不同的觀點與學派，特別是以此來壓制充滿好奇心與幻想的敢說敢做的青年人，這極不利於科學的發展，不利於人們創造性思維的啟動，完全違背了科學技術發展的各項規律。著名學者郭沫若就曾正確地強調過「既異想天開又實事求是」的思考方式，並把異想天開（即幻想思維）放在首位，這實在是符合創造學原理的。

正因為幻想具有「脫離實際」的重要特點，所以幻想思維可以在人腦中縱橫馳騁，也可以在毫無現實干擾的理想狀態下，進行任意方向的發散，構成了創造性思維的重要組成部分。

與幻想思維最為接近的是空想或無稽之談。空想是人們思維的寶庫，天才的一大特點就是空想思維發達。不論是天才還是凡人，都同樣存在著空想力和以現實的道理思考問題的能力，不過凡人只能以現實的道理去思考問題，因而，他們的空想力便逐漸萎縮。反之，天才卻樂於運用空想力，在他思考事物時首先求之於空想。

天才人物能在遙遠的空想彼岸抓住啟示，然後再返回現

實中來，所以他的思想具有飛躍的高度。

　　自然，幻想越是大膽，可能包含的錯誤也越多，不過這並沒有什麼關係，只要從幻想的天空回到現實大地上來加以檢驗，錯誤就會被發現、被糾正，正確就會被充實、被發展。

　　總之，幻想思維可使人們思想開闊、思想奔放，因此它在創造中的作用是顯而易見的，尤其在創造的初期，就更需要各式各樣的幻想。德國學者萊辛（Gotthold Ephraim Lessing）說得好：「缺乏幻想的學者只能是一個好的流動圖書館和活的參考書，他只會掌握知識，但不會創造。」法國的狄德羅（Denis Diderot）說得更實際：「沒有幻想，一個人既不能成為詩人，也不能成為哲學家、有機智的人、有理性的生物，也就不成其為人。」

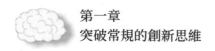

第一章
突破常規的創新思維

舉一反三，複製創新經驗

有這麼一個民間傳說，魯班小時候上山砍樹，不小心被茅草拉破了手。魯班仔細觀察茅草，原來草葉口上有許多排列整齊的小齒，於是他想，這些小齒能不能用在砍樹上呢？—— 木工用的鋸子就如此發明了。

像魯班這樣，把其他事物的特長和功能合理地移植過來，達到創造的目的，這一思維過程便是移植的過程。事物都是普遍關聯的，巧妙地利用這種內在連繫或相關連繫，把現有知識或成果引入新的領域，往往能促使人們以新的眼光，新的角度去發現新的事實，產生新的動力。創造心理學家 A.H. 魯克強調「運用解決一個問題時獲得的本領去解決另外一個問題的能力極為重要」。

移植，就是透過舉一反三，把在某個領域裡取得的經驗移用到其他領域中去，把別人的學問轉化為對自己有用的知識。移植法是類比法的進一步延伸。為了轉移經驗，首先要善於發現不同問題的相似之處，以他山之石攻己之玉，就能取得意外的成果。

英國外科醫生萊斯特（Joseph Lister），常常痛苦地看到

許多動過外科手術的病人不是死於手術，而是死於手術後的化膿潰爛。這是什麼原因呢？有一次，他看到法國化學家巴斯德（Louis Pasteur）的一個實驗報告：經過高溫處理的瓶子裡的肉湯，只要與外界嚴密隔離，就不會發生腐爛。巴斯德的原意是要證明生命不能自發地產生，但是他的發現卻使萊斯特在另一方面受到了啟發。萊斯特想，肉湯發生腐爛，肯定是由於外界的腐爛因子進入的緣故；傷口化膿，不也是同樣的道理嗎？於是他把巴斯德的實驗移用到醫療領域裡來，發明了外科手術的消毒法，成千上萬病人的生命由此而得到拯救。

美國發明家威斯汀豪斯（George Westinghouse, Jr.）為了創造一種能夠同時使用於整列火車的制動裝置，一直百思而不得其解。後來在一本專業雜誌上偶然看到一則開鑿隧道的報導，得知那裡使用的鑿岩機是由壓縮空氣驅動的。威斯汀豪斯從中得到啟發，利用壓縮空氣的原理發明了空氣煞車裝置。這也是成功運用移植的一例。

說起嫁接理論，還是從某集團總裁患上癌症時說起。他在患病期間，查閱了相關醫治腫瘤的國內外的大量文獻數據，那時他開始對微生物工程產生了濃厚的興趣。他看到抗生素的發明固然為人類帶來了福音，但廣泛使用抗生素易產生二重感染。二重感染導致的死亡對人類已構成巨大威脅。

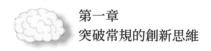
於是自 1977 年開始國外許多科學家運用生態學理論，用微生物製劑來抵禦抗生素帶來的災難。而東方在這方面的研究一直較為落後。總裁決心涉足這一領域，他的原則是：大膽設想，小心求證。

在多年的研究中，終於發明了嫁接理論。那就是運用微生物、營養學、中醫藥學理論，在應用上以仿生學的工藝進行嫁接，生產出一種特殊的生態製劑。據此理論他又大膽設想，生產出使三個菌種共同生存在一起的液體。

據報載：動物園缺乏資金，不少珍貴動物的食物都顯得匱乏，有人就移植了美國「椰菜娃娃」（Cabbage Patch Kid dolls）銷售中的方法提出一種極富想像力卻又有實施可能的構想 ── 「珍貴動物領養證」制度，將傳統的捐獻活動搞得更誘人更有藝術性也更含廣告價值。

這一制度是這樣的，將園中的各種動物拍照、取名、製作出很精美的「榮譽領養證」，然後去招標、拍賣，也可協定出售給單位或個人。比如一頭東北虎，誰能出 10,000 元錢就把這頭東北虎的領養證贈給誰，並在證上寫明該領養者的名字。由於領養是一種榮譽，自然會有需求榮譽的「大款」希望能得到這種可以長久保留下來的榮譽。企業也可以藉此機會製造公關效應，如生產熊貓牌領帶的廠家來領養大熊貓，生產天鵝牌商品的廠家來榮譽領養一池天鵝，這種廣

告有著非常好的效果，而且這　活動也順應了國際上關心野生動物的輿論潮流，反映了一種符合現代文明的形象。這一「珍貴動物領養證」制度，即能為動物園籌集資金，又擴大了企業的知名度，還樹立了文明形象，真是多方得利。

　　看，從領養布娃娃移植到領養珍貴動物，效果翻了多少！

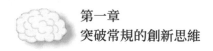

重新排列組合：創新的策略

　　有一家美容院新開業。一位朋友送了一部拍立得。乍看起來，美容院和拍立得毫無關聯，但被創造性的想像一聯結，商機思路便出來了，美容院如果想出的髮型使顧客很滿意，就用這臺照相機當場拍照送給顧客，再拍一張作為那位顧客的名片存檔。顧客拿到照片後可經常端詳，以便研究最適於自己的髮型；店裡的那一張可以留作數據以便別的理髮師也為這位顧客做出最滿意的髮型，如此一來，肯定能大量吸引顧客。這樣一件禮物，其實開拓了你朋友的財路，相當不俗。

　　其實許多「創造」都是像美容院和照相機這樣毫不相關的事物連繫在一起的產物。日本千葉大學教授多湖輝就認為：「策劃內容裡的 97.9％ 是任何人都知道的，非常常見的普通的東西，當它們被一種新的關聯體系重新組合起來，具有相當的有效性時，就能發展成策劃。」

　　從某種意義上說，新的發明創造往往是在原來的基礎上加以重新組合和優化的結果。鉛筆和橡皮本來是分開來的兩件東西，後來有個叫李普曼（Hyman L. Lipman）的美國

人，看到他的朋友用一端綁著一塊橡皮的鉛筆在繪畫，由此得到啟迪，發明了帶橡皮頭的鉛筆，使他每年得到 50 萬美元的專利費。

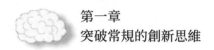

尋找事業的空白領域

「東京設計所」成立 5 年後，就在 1970 年到 1971 年之間，日本的設計學校有如雨後春筍般地紛紛成立了。

中田十分關心事態的發展。他猜想 5 年後，這些學校就會威脅到公司效益。在一次打高爾夫球的時候，他偶然之中想到可以將「會員制」的企業型態運用到「會員制別墅企業」中。於是他不顧董事及銀行的反對，反覆努力，終於讓這個首創的「會員制別墅企業」計畫在董事會上通過。

然而，公司的業務正如日中天，已擁有學生 2,000 人。許多董事不禁擔心這個計畫是否會讓公司破落。有人說：「會員制別墅事業沒有人做，可見它是不會成功的。」甚至有人發起了董事聯合簽名反對。面對這個情形，中田很誠懇地請求董事們：「我希望你們能把眼光放遠，只要經過半年，你們就可看到這個事業的成果。」說著，淚水就情不自禁地掉下來。

這終於感動了董事們。

在這個劃時代的構想得以實施時，中田再次把辦校初期引進的「訂金制」用於「會員制別墅企業」的建設中。他

運用「訂金制」來籌措資金，土地有了；設計出設計公司
的建築事業部負責；內部裝潢則是公司的本行。這樣一來就
成了名符其實的綜合經營。本來設計公司是「出賣構想的企
業」，被中田發揮成「實際工作的企業」了。

　　1971 年 3 月，中田謀劃的劃時代的構想「會員制別墅企
業」終於得以實現，「鑽石俱樂部」正式成立了。

　　中田「做沒有人做的事」終於使他極大地成功了。

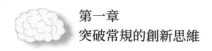
讓腦袋靈活運作

讓你的腦子「多走些路」。經常打破慣性思考，進行創新思考。

讓你的腦子「多走些路」，首先任務是突破慣性思考。

所謂慣性思考，可以說，就是「過去的思維影響當前的思維」，也就是說，思維程式便會自然地按照頭腦中已有的思維程式和思維模式進行。

慣性思考對人們思考問題顯然有很多好處。它能使思考者省去許多摸索、試探的思維步驟，不走或少走彎路，大大縮短思考的時間，提升思維的效率，還能使思考者在思考過程中感到駕輕就熟、輕鬆愉快。

慣性思考在日常工作和生活中的作用更是不可低估。有人曾猜想說，慣性思考可以幫助人們解決每天所碰到的 90% 以上的問題。

慣性思考卻不利於創新思考。

而經商必須要創新思考。

只有創新思考，才能解決在經商過程中所遇到的新問

題，才能對舊有的問題做出新的解決方式。

創新思考最主要的是突破慣性思考。

突破定勢作為一種創新思考方法是指在思考有待創新的問題時，能打破常規的思考路徑，獨闢蹊徑地找出解決問題的方法。

這就是所謂的「別出心裁」。

下面我們來看一個別出心裁的創富例子。

在日本川崎市有一家叫做「岡田屋」的百貨商店，在其他商店只能勉強維持的時候，卻長期保持生意興隆發達，業務不斷擴展，商店的銷售額和利潤年年增加。這是為什麼呢？原來這家商店的老闆在長期的經營活動中善於觀察，動腦筋想辦法，創造出許多與眾不同的經營策略和行銷戰術。

在商業零售中，常常有因零錢不足而找不開錢的問題。岡田屋百貨公司早在 1961 年就想出了一個解決問題的辦法，既解決了零錢不足的問題，又招來了顧客。這個辦法就是在百貨公司門口營業廳，收銀檯設立一個個「抽獎處」，顧客每支付一日元就可獲一次抽獎的機會。顧客購物時往往要求不用找零，而用零錢抽獎。這種別出心裁的手法，不但滿足了顧客用小錢獲大獎的投機心理，而且本身也為商店增加了又一筆收入。關鍵問題還在於顧客都樂於到這個商店來「購物」和「碰運氣」。

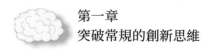

這是一種別出心裁的創富路徑。是一種智力創富。它表示應該讓你的腦子「多走些路」。

1984 年聖誕節前，儘管美國不少城市朔風刺骨，寒氣逼人，但玩具店門前卻通宵達旦地排起了長龍。這時，人們心中有一個美好的願望：領養一個身長 40 多公分的「椰菜娃娃」。

「領養」娃娃怎麼會到玩具店去呢？

原來，「椰菜娃娃」是一種獨具風貌、富有魅力的玩具，它是羅伯茲（Xavier Roberts）創造的。

透過市場調查，羅伯茲了解到，歐美玩具市場的需求正由「電子型」、「益智型」轉向「溫情型」。他當機立斷，設計出了別具一格的「椰菜娃娃」玩具。

與以往的洋娃娃不同，以先進電腦技術設計出來的「椰菜娃娃」千人千面，有著不同的髮型、髮色、容貌，不同的鞋襪、服裝、飾物，這就滿足了人們對個性化商品的要求。

另外，「椰菜娃娃」的成功，還有其深刻的社會原因。離婚對兒童造成心靈創傷，也使得得不到子女撫養權的一方失卻感情的寄託。而椰菜地裡的孩子正好填補這個感情空白，這使「它」不僅受到兒童們的歡迎，而且也在成年婦女中暢銷。

羅伯茲抓住了人們的心理需求大做文章，他別出心裁地

把銷售玩具變成了「領養娃娃」，把「它」變成了人們心目中有生命的嬰兒。

科萊科公司每生產一個娃娃，都要在娃娃身上附有出生證、姓名、手印、腳印、臀部還蓋有「接生人員」的印章。顧客領養時，要莊嚴地簽署「領養證」，以確立「養子與養父母」關係。

經過對顧客心理與需求的分析，羅伯茲又做出了創造性決定：「配套成龍」──銷售與「椰菜娃娃」相關的商品，包括娃娃用的床單、尿布、推車、背包，以至各種玩具。

領養「椰菜娃娃」的顧客既然把它當作真正的嬰孩與感情的寄託，當然把購買娃娃用品看成是必不可少的事情。

這樣，科萊科公司的銷售額就大幅度增長。

如今，「椰菜娃娃」的銷售地區已擴大到英國、日本和香港等國家和地區。羅伯茲正考慮試製不同膚色及特徵的「椰菜娃娃」，讓它走遍世界各國，保持科萊科公司在玩具市場上首屈一指的地位。

科萊科公司靠發揮自己的想像力，虛構了惹人喜愛的「椰菜娃娃」，當「椰菜娃娃」成了搖錢樹，它又引發了一系列相關產品的誕生，「無中生有」使得科萊科公司受益無窮。

無中能生有，創意能生財。創富者們，讓你的腦子多走些路吧！

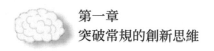
文化與商業的融合

「商」與「文」自古以來各不相同，「文」人的清高、自命不凡與商人的市儈、玩世不恭似乎永遠也攪不到一塊。然而，於不通中有通處，只要你具有一顆創新的頭腦。

在新加坡這個南洋島國，卻有一位腰纏萬貫，既精通商賈之道，又酷愛文藝、著書立說的人，他把文化融於商業之中，他所經營的酒樓充滿著濃郁的中華文化氣氛。他就是集商務與文學於一身的新加坡著名華人企業家兼作家周穎南先生。

周穎南在新加坡開設了 8 間上等酒家，每間餐廳都有一個美妙動聽的名字：「金玉滿堂」酒家、「樓外樓」酒家、「湘園」酒家、「百樂」酒家、「芳園」酒家、「靈芝」素食館、「明珠」酒家和「同樂」酒家。周先生這 8 間餐廳不僅在新加坡久負盛名，而且在馬來西亞和印尼有了很高的知名度。周先生以其獨樹一幟的經營方式榮登行者之尊，成為新加坡酒樓餐廳業公會會長、世界中餐業聯合會副會長。

周穎南經營飲食業純屬偶然。他本與友人合辦紗廠、植物油提煉廠、針織廠、漂染廠等多家工廠，準備在工業企業

大顯身手，他開餐廳只是為了親朋好友閒暇集會，飲酒吟詩有個好去處，不料「有意栽花花不活，無心插柳柳成蔭」，在新加坡辦工廠舉步維艱，而餐廳生意卻興旺無比，於是，他把辦廠的股權人部分出讓了，抽出資金來開了一間又一間餐廳。由於他順應行情，終於獲得成功。

　　對文學和藝術的愛好，是他的天性。他天資聰穎，文筆揮灑自如，尤以散文見長，每篇文章都富有生活氣息和豐富的感情，曾出版個人散文集《迎春夜話》，引起國際文藝界的轟動。接著又出版了《穎南選集》，又一次引起強烈的反響。某書法家在文章中說：「周先生的詩歌、散文是由感而發，加上渲染恰當，敘事的抒情，細雨滔滔，情意綿綿，令人讀時如步入其境。」

　　由於他把對文學的喜愛融入酒樓的建設中，所以，不論走進周先生創辦的哪一間酒樓，人們都可以看見中華文化的展現。他把中華文化、中華飲食、烹飪技術融為一體，每一間酒樓都充滿著濃郁的中華文化氣氛。「同樂魚翅酒家」、「芳園酒家」、「樓外樓酒家」都陳設著中華傑出畫家的名作，琳瑯滿目，使人一走進餐廳就好像進入畫展，令你賞心悅目，樂而忘返。

　　坐落在新加坡河畔的「同樂魚翅酒家」，外壁鑲以金黃瓷磚，輝煌壯麗，是新加坡極有名氣的上等酒家，以烹調魚

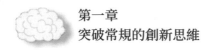

翅而享有盛名。

　　周先生在「同樂魚翅酒家」主辦了由揚州西園餐廳演示的「紅樓宴」，赴宴的有紅學專家和電視劇《紅樓夢》中的主要演員。由此在東南亞掀起了一場《紅樓夢》熱。為了促進文化交流，他參與策劃和贊助了在新加坡舉行《紅樓夢文化藝術展》。在新加坡「世界貿易中心」的展覽大廳裡，造了個以假亂真的大觀園，大觀園砌以粉紅色圍牆，園中假山假石形態逼真，使遊人如臨其境。電視劇《紅樓夢》中的主要演員分別在「蕭湘館」、「怡紅院」、「蘅蕪院」……等現場接待群眾，人們排著長隊與她（他）們合影和請求簽名留念。《紅樓夢》熱又掀起一個小高潮。新加坡國立大學文學暨社會科學院與中文系聯合主辦了「紅樓夢研討會」。新加坡華文報紙《聯合早報》、《聯合晚報》和作家協會聯合舉辦了「紅樓夢與中國傳統文化」座談會。馬路上時常可以聽到路邊商店裡傳出的《紅樓夢》越劇曲調，書店裡《紅樓夢》小說成了搶手貨，新加坡電視臺連續播放電視劇《紅樓夢》，吸引了大批觀眾。

　　為了促進飲食文化的國際交流，周穎南常到各地挑選中餐名廚到新加坡餐廳舉辦中華食品展銷。

　　他邀請了知名宮廷菜館到新加坡舉辦「宮廷宴」和「滿漢全席精選」，邀請孔府和舜耕山莊等聯合在新加坡舉辦

「孔府喜宴」，邀請國賓館，知名餐廳及香港、臺灣名廚聯合
舉辦「中華美食世紀之宴」。

在舉辦「孔府喜宴」之前，他潛心研究孔子提出的「食
不厭精」的含義，了解孔府所設「喜、壽、家」三種宴會的
淵源。他認為孔府宴形式隆重，菜餚成系配套，有章有譜，
十分講究，是中華文化寶庫中的一筆寶貴財富。如果把這種
古代飲食文化用到現代餐飲業，其中既有美學、色彩學和
營養學，又符合現代衛生原則，一定會產生新的生命力，發
出燦爛光華。他特意邀請古箏名家現場表演古箏，為孔府宴
助興。又請孔子第七十五代孫孔祥林講解孔府宴的形式、歷
史、規格等，把宴會變成了介紹中華文化的研討會。這一創
舉深受歡迎，舉辦期間，座無虛席，幾天後的預訂票都銷售
一空。

將文化融於餐飲業，周穎南的文化酒樓辦得有聲有色，
生意興隆，不盡財源滾滾來。

第二章

精心策劃的創新藍圖

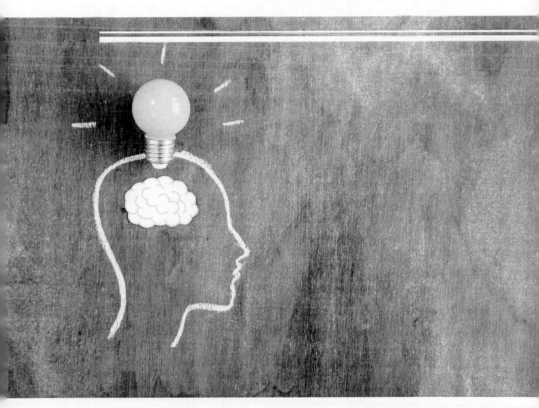

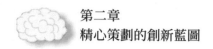
策劃的演進歷程

　　策劃有兩種不同的解釋，作為動詞來解釋時，指人們事先進行的策劃活動，即策劃者運用知識、智慧和能力進行策劃活動的過程。當把策劃作為名詞使用時，則指思維活動的結果，即指策劃方案。

　　策劃是一個既古老又新鮮的名詞。說它古老，是因為在古代，就已經存在各式各樣的策劃，「策劃」一詞在《後漢書》中就已出現了。《後漢書·隗囂傳》中說：「是以功名終申，策劃復得」；說它新鮮，是因為最近才有人對它進行系統的研究，才開始從不自覺策劃走向自覺策劃，從策劃的「必然王國」走向「自由王國」。特別是近幾年，策劃作為一個行業興盛起來，使策劃有了新的含義。

　　美國哈佛企業管理叢書認為：「策劃是針對未來要發生的事情作當前的決策。換言之，策劃是找出事物因果關係，衡度未來可採取之途徑，作為目前決策之依據，即策劃是事先決定做什麼，何時做，如何做，誰來做。策劃如同一座橋，它聯接著我們目前之地和我們要經過之處。」

　　其實，策劃的核心內容就是出謀劃策，即從策劃方自身

的情況及所處的環境出發，尋求構思能夠滿足策劃方特定意圖的目標，各種有可能實現目標的直接或間接的方案，透過對這些方案進行分析、比較、篩選、修改，最終付諸實施，並對實施過程中所發現的問題進行再修改、再實施而最終達到策劃方的意圖和目標。當然，在一個已實現目標的策劃實施以後又會有為了實現更高目標的策劃。所以，一項大的策劃往往其間是含有很多較小的策劃，既有的策劃是策略性的，有的策劃是戰術性的，戰術性的策劃需服從策略性的策劃，這是系統工程整體思想的反映。

人類一切活動要達到預期的目標和效果都離不開策劃，大至安邦治國、拓展宏業，小至推銷商品都需要策劃。事業成敗需要科學的策劃，一項好的策劃可以救活一家企業，可以成就一樁事業，可以贏得一場戰爭。

歷史上最著名的策劃莫過於諸葛亮的「隆中對」，諸葛亮有感於劉備的三次親自登門拜訪求教，他為劉備策劃了一個具有完整實施方案的策略性規劃。

後來，劉備按照諸葛亮的策劃方案，果然一步步達到了目標。只是後來沒等到天下形勢有變關羽就急著從荊州出兵北伐，且在關羽北伐時，劉備又沒有率大軍出師秦川策應，從而因遭東吳偷襲而失敗。接著，劉備又不聽勸告，傾全國之兵與盟友東吳廝殺，結果全軍覆沒，使國力大傷，最終沒

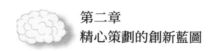

有實現統一全國的目的。但是，這並不是策劃有誤，這是實施策劃有誤。雖沒實現最終目標，但諸葛亮的策劃方案則是科學的英明的。

策劃在現代社會生活中越來越表現出它的重要性，近些年，一大批策劃企業應運而生，而透過策劃取得成功的例子更是不勝列舉。美國嬌生公司的「烘雲托月」推銷法，就是一個讓人稱讚的行銷策劃。

註冊資金只有 470 美元的嬌生製造公司開業後，其生產的產品是當時美國最大的生產黑人化妝品企業 —— 富勒公司部分產品的翻版。由於公司沒有名氣，產品銷量很小，公司生存困難。為了改變公司現狀，公司集中全部財力、物力潛心研製出一種可以改善黑人皮膚質感的水粉護膚霜。

嬌生公司的最終目標是取代富勒公司的位置，但由於嬌生公司的實力與富勒公司相比，相差懸殊。嬌生公司只能採取「退一進二」的策略與富勒公司競爭。

為使自己的產品在市場上能占有一席之地，嬌生根據自己僅有一種產品的特點，絞盡腦汁，終於想出了一個別出心裁的「烘雲托月」推銷法……

主意拿定，嬌生便立刻付之於行動。他四處推銷自己的新產品：「富勒公司是化妝品行業的金字招牌，您真有眼光，買它的貨就對了。不過，在您用過它的化妝品後，再塗

一層嬌生投靠公司新生產的水粉護膚霜，準會獲得您想像不出的奇妙效果。」

事實證明，嬌生這張牌打得確實精彩，收到了一石二鳥的效果。由於他明著吹捧富勒公司，自己甘願屈居從屬地位，所以對方對其所作所為毫無戒備，沒有招致麻煩；而凡是用得起富勒公司產品的人，誰又會在乎花幾個錢再買一盒嬌生公司的嘗嘗鮮呢？就這樣，嬌生不費吹灰之力，便巧妙地「拉攏」了富勒公司的幾乎全部顧客。

水粉護膚霜是嬌生用全部心血研製出的創牌子產品，為此，在生產的各個環節都嚴把品質關，真正是貨真價實的好商品，所以上市後很快受到眾多消費者的青睞。尤其是那些肥胖型黑人婦女使用後，自我感覺更是妙不可言，分泌物被粉末顆粒吸附一部分，身上不再感到黏糊糊的，皮膚滑膩感顯著增強，新產品大大滿足了她們對美的自我欣賞和追求，被她們視為生活中不可缺少的用品。

從此，有化妝嗜好的黑人婦女，梳妝檯上又添了一種護膚霜，她們每天梳妝打扮時都能看到「嬌生」這三個字，「嬌生」的名字也同時植入她們的心中。隨著時間的推移，嬌生製造公司的知名度達到與富勒公司並駕齊驅的程度，儘管前者生產的品種只有後者的幾十分之一。

嬌生看到成功地麻痺了對手，便暗中施展第二步策略，

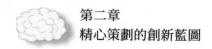
接連推出一系列拳頭產品，其迅雷不及掩耳之勢讓富勒公司
瞠目結舌，糊里糊塗地便被擠下了黑人的化妝檯。

　　策劃你的人生、策劃你的職業、策劃你的愛情，已成為
現代社會人所必須做的和應該做的。因為只有這樣，你的人
生之旅才會出現成功的光環。

優秀策劃造就成功人生

　　任何一項成就的取得，都離不開策劃。小到一種產品的商標設計，大到公司的經營策略，乃至人生的每個環節，都凝結著策劃的智慧。古往今來，多少名人名流，往往是成功於一個巧妙的策劃。

　　人的一生，實際上是在不斷策劃中度過的。成功的策劃，將鑄就人生的輝煌。美國人約瑟夫‧卡伯的一生為我們做了絕好的例證。

　　據卡伯所說，以前他一星期工作 7 天，每天工作 18 小時，雖然勤奮努力，仍然入不敷出，還欠了一身的債；如今他懶散怠惰，卻賺了大筆的錢。於是，卡伯依據自己發財的經驗，寫成了《懶人發財的祕訣》一書。

　　這本書在 1972 年 10 月出版時，不但售價昂貴（每本 10 美元），而且市面上買不到，必須向卡伯直接郵購。此外，該書第一版就以平裝本發售。

　　雖然卡伯只靠報紙、雜誌、電臺、電視臺的廣告與直接郵購，在一年之內，該書竟然賣出十幾萬本，替他賺進了 100 萬美元。1973 年 10 月 29 日的《時代雜誌》（*TIME*）特

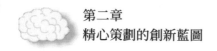

別報導了這件事，並刊登了卡伯的照片。

在卡伯撰寫《懶人發財的祕訣》一書的 10 年前，也就是 1962 年，卡伯不但一文不名，而且負債 5 萬美元，一家十口嗷嗷待哺，並擠在一個租來的破舊房子裡，度日如年。

當時，他只有兩條路好走：一條是宣告破產，另一條是勤奮工作，設法賺錢還債。

雖然宣告破產能合法解決他的負債問題，但是卡伯認為，別人因為信任他，才把錢借給他，倘若宣告破產就是背信，那是很不名譽的，所以他選擇了第二條路。

於是，卡伯把所有的債主都找來，並對他們說：「我已經一文不名了，如果你們不相信，請你們強迫我破產吧！如果你們相信我，給我努力的機會，我保證在 8 年內還清全部的債務。」

卡伯只花了 90 分鐘，就使債主們全部相信他，並接受他的保證 —— 8 年之內還清債務。

不久，卡伯發現許多人跟他一樣，也有處理債務的難題。於是，他靈機一動，把自己處理債務、說服債主的經驗，寫成了一本名叫《如何在 90 分鐘內不用借錢解決負債》的書。這本書成本美金 12 分，售價美金 0.95 元，一共賣了 10 萬本。卡伯在 3 年內就還清債務。

一個處在絕境中的人，利用處理挫折的實際經驗，把

「挫折」變成「機會」，變作「用途」，變成了一本書。此絕佳的策劃，不但使他脫離困境，而且改變了他的一生，使他成為人人羨慕的成功人士。

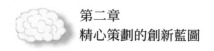

成功策劃：創造奇蹟的關鍵

有時候，你的事業似乎走入了絕境，此時的你請不要失去信心。記住，運用你的頭腦，反敗為勝並非夢想。

在公路上從啟動到 120 公里，加速時間只要 12 秒，每小時的極限速為 330 公里。

這就是法拉利（Ferrari）F40 汽車的「賣點」。

提起法拉利先生，在汽車界可說是無人不知、無人不曉的大人物。因為他不但是汽車的設計師、製造者，更是世界性賽車場上的常勝者，這樣的傳奇人物，世界上恐怕是獨一無二吧！

法拉利先生對於賽車的狂熱愛好，是從 12 歲就開始了，一生中他參加了無數次的賽車，贏得上億的財富，但是他卻把從賽車中獲得的金錢，全部投注於更新、更好、更快的賽車研究與設計。難怪全球的富豪都以能買到他所設計製造的賽車為榮。

世界聞名的義大利飛雅特（Fiat）汽車公司，長期以來就是法拉利合作無間的夥伴，他們以限量生產、高價銷售的策劃贏得了全世界愛車玩車的人，最近剛推出的 F40 就是他們近年合作的結晶。

F40，一輛車的價錢約 3,850 萬元，它的生產量只有 450 輛，而且早已被預訂一空，即使有錢也買不到。F40 到底有何魅力值得玩家為它瘋狂著迷！除了前述的加速快、極限速高的特點和它的車身設計令人著迷不說，車體是由製造飛機用的碳纖維製成，既輕盈又堅固。它沒有行李箱，也沒有音響裝置，因此它能像飛機一樣在公路上高速賓士。

這部 F40 的引擎有 32 個活門，4 個頂置凸輪軸，排氣量 2900CC，有 8 個汽缸，引擎轉速每分鐘達到 7 千轉時，可產生 478 匹的馬力。無怪乎它的極限時速可以與噴射飛機的速度媲美，也無怪乎全世界的汽車迷都要為它頂禮膜拜呢！

快速、輕盈、限量生產，正是這一系列的成功策劃，使得法拉利轎車成為了豪華跑車的代名詞，取得了巨大的成功。

加拿大有一種叫 Sportman Filter 的香菸，為了開啟市場，提升知名度，該公司進行了精心的策劃。他們在溫哥華最熱鬧的地方布置了一個精美的櫥窗，裡面躺著一個迷人的女郎，她的四周則堆滿了香菸。這個女郎對著路過的人大聲叫嚷道：「請大家救救我，如果不把菸賣完，我就不能出去。」男人們為了表現英雄救美人的氣概，無不慷慨解囊，結果堆積如山的香菸在短短的時間內就全部賣完。這個事件第二天還成為全國性大報一條極為醒目的花邊新聞，不久之後該品牌的香菸就成了加拿大的知名品牌。

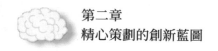

財富存在於腦中智慧

從大風吹，到賺大錢，看似狗與月亮的關係 —— 差得太遠了。但又是錢錢錢、腦相連的關鍵。

如果做生意的人只知道出大力，流大汗，對這種生意人，我們的評價是「長不大」。

有這麼一個古老的故事，講的是員工工作的故事 —— 但想做老闆，你就得非看不可：

一位善良的父親，有三個強壯的兒子，但他不明白為何三兄弟同時工作同時勞動，但薪水竟如此不同，老大週薪是 350 美元，老二週薪是 250 美元，而老三週薪只有 200 美元。

總經理聽完三兄弟父親的話後說：「我現在叫他們三人做相同的事，你只在旁邊看看他們的表現，就可得到這個疑問的答案了。」

總經理先把老三叫來，吩咐說：「現在請你去調查停泊在港口的 H 船，船上毛皮的數量、價格和品質，你都要詳細地記錄下來，並盡快給我答覆。」

老三將工作內容抄下來後，就離開了。5 分鐘後，他告訴總經理，他已用電話詢問過了，一通電話就完成了他的任務。

　　總經理再把老二叫來，並吩咐他做同一件事情。老二在一小時後，回到總經理辦公室，一邊擦汗一邊解釋說，他是坐公車往返的，並且將 H 船上的貨物數量、品質等詳細報告出來。

　　總經理再把老大找來，先將老二報告的內容告訴他，然後吩咐他再去詳細調查。三小時後，老大回到公司，向總經理重複報告了老二的報告內容，然後說他已將船上最有商品價值的貨品詳細記錄下來，為了方便總經理和貨主訂契約，他已請貨主明天早上 10 點到公司來一趟。回程中，他又到其他的兩、三家毛皮商公司詢問了貨的品質、價格，並請可以做成買賣的公司負責人明天早上 11 點到公司來。

　　在暗地裡看了三兄弟的工作表現後，父親很高興地說，再沒有什麼比他們的行動更能給我滿意的答覆了。

　　如果你抱怨這個世界不公平的話，你應該報導抱怨自己的「腦」。

　　其實，只要你稍稍動腦，發財的機會多著呢！

　　義大利社會學家帕雷托（Vilfredo Pareto）把人分為兩類：

　　一類是收租者；

　　另一類是投機者。

　　收租者，顧名思義，指的是靠租金與利息生活的人，他們作風保守，不願冒險，抗拒改變，凡事墨守成規。

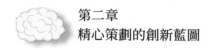
投機者剛好相反，他們作風開放，喜愛冒險，樂於改變。他們厭惡墨守成規，血管裡流著叛逆的血。

所以，三分努力，七分動腦才是「種大樹」的生意人！

別人開酒樓，賺得風生水起，是不是開酒樓就能發財？

別人食品批發，賺得滿缽滿盆，是不是食品的利潤很高？

一位做酒樓的朋友講：「如果哪天我死了，請你送一個花圈給我的肝。」

這話讓人聽後想笑，但笑不起來。他每天為了和「上帝」喝酒，常常是「上帝」高興了，他卻成了「醉八仙」。

另一位做食品批發的朋友，資產大概過千萬了吧！但在為他做 CI 策劃時，要他必須實實在在地告訴策劃師，食品批發的綜合毛利有多大，他無奈地答道：百分之五是最高的了。

所謂綜合毛利，實際已含廠方的折扣，百分之五，這裡還要包水電、房租、員工薪水、電話、交通，還有稅收，你願不願做？

實際上，騎馬行船三分險。做生意也是如此。天上掉下個林妹妹，那是文學家的事，商人，是「傷」出來的。

這個「傷」就是怎樣做！你做好了這個「怎樣做」，你離發財就不遠了。

一位開大排檔的朋友，至今已開設了第三家分店，問他有什麼絕招，他就是不講，最後，顧客從他的招牌菜中看出了祕密⋯⋯

他的招牌菜是白切雞，他做的白切雞當然是選料好，真正土雞，配料香，火候也適中，切的塊很小⋯⋯

大排檔，一般覺得應該定位於大碗喝酒，大塊吃肉的「忠義堂」，而精明的商人最後的實話實說是：

把排檔當作星級的酒樓來做。

這就是動腦的絕技！

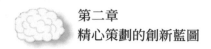

賢者賣智，愚者買智

　　如今，創業的門檻越來越高。早十年前，有幾千塊，你
就是大款了，很多迄今坐在富翁位置的人，當年都是靠幾十
元、幾百元發家的，但今天你還想用幾十元起家，做做白日
夢還是可以的。沒有錢起家，可以用腦起家。名古屋的商人
尚學錄，他並沒有什麼學問和金錢，但是他有擅於企劃的能
力。這就是腦本錢。十多年前他還在當機械外務員時，就知
道日本的毛紡織工業比歐美落後，他認為這個問題頗有發展
的餘地。有一天，他接到從西德寄來的商品目錄，其中有新
開發上市的一臺兩千萬元之新型羊毛紡織機械。對於新機械
他比別人內行，為了進一步了解詳情，他就立即展開行動，
詳細調查日本的羊毛紡織工廠的作業情況。他對紡織工廠瞭
如指掌之後，又知道用西德的這項新機器，生產成本大約可
降低三分之二，而生產效率可以倍增。但是他並沒有向日本
人推銷這種新機器，他帶了這項新產品的目錄和經營紡織工
廠的新構想，去找住在日本的一位韓裔富翁林伯態先生。林
先生對紡織雖是一竅不通，但經過尚學錄的企劃和說明之
後，大喜過望，他立即同意開一家紡織工廠。從西德購入四

部機器，在名古屋市設立羊毛紡織公司，並請尚學錄當總經理。原本默默無聞的外務員，搖身一變成為大工廠的經營者了。另如東京世田谷居民竹山一夫從公家機關退休後就賦閒在家，閒來無事，有一天他想：「開個企業講習班倒不錯，但是找普通人來參加沒法賺大錢，應該找一些有錢人家才對。」於是他就在東京銀座借了一間教室，只用一張辦公桌和一部電話，成立了「東京企業研究所」。它的特色是七名教師都是日本國內很有名的教授和知名人士，學生也都是各公司未來的董事長人選以及重要的幹部。日本的企業界對於幹部的教育投資一擲千金，毫不吝嗇，因此他的事業一開始就非常順利。為了壯大研究所的聲勢和號召力，非請國內最有名的講師不可。這些講師的授課費貴得嚇人，但所收的學費更可觀。半個月一期，學費 50 萬日元，成立之初，就收了 30 名學生。其餘的人要事前登記，並等待好幾個月以後才能正式上課。竹山這種簡單無奇的生意利潤非常優厚，扣除講師費、房租、廣告費，每個月可淨賺 1,000 萬日元。如果以低一階層為對象，收費一定不會太高，一個月想賺 50 萬日元也有問題。雖然竹山的生意一點都不稀奇，但是他的著眼點極佳，因此發了大財。假如對窮人動腦筋，只管滿頭大汗的苦幹，績效仍是微不足道，有時甚至徒勞無功。然而針對有錢人的需要，做生意就容易大展宏圖，財源滾滾。

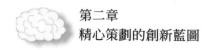
一個人再怎麼聰明能幹，終究不過一個腦袋，兩隻手而已。有的人一天賺的錢比很多人一輩子賺的錢還多，因為多數人只有一個腦袋，一雙手在賺錢，而「有的人」卻有幾萬人在幫他賺錢，這可稱之謂「無腦買腦」的賺錢法則。

千萬記住，買得起腦的人，這個人的腦也不差！

怎樣買腦？在此只講兩個不同類型的故事，讀者自己去「悟」吧。

小張是退伍軍人，服務於某大公司，由於小張是基層人員，至今還未認得老闆是誰。

有一回，他父親生病住院，病情雖不太嚴重，但公私兼顧，一個星期下來，小張也差不多「趴」下了。

有一天，董事長居然出現在病房門口，並對小張的父親自我介紹，老人家一聽高興極了：「我兒子每天在公司卻沒有機會見您，我一把老骨頭倒見了您，我真高興！」

兩人你一言、我一語還真的聊了半個多小時。

臨走時，董事長留下了名片、水果，還有一個紅包……

等小張下班後來到醫院，聽完父親的話，簡直不敢相信，但留下的名片和用公司信封裝的紅包又確確實實地證明董事長來過，小張激動得連話都說不出來了。

第二天一大早，小張來到公司，第一個念頭就是要見董事長，要向老闆致謝。但他剛一進電梯，正好見到董事長，

沒等他開門，董事長拍了拍他的肩膀：

「年輕人，你父親的身體還好吧，不要緊，很快就可以出院了，有什麼問題，儘管來找我，好好做，你會有出息的。」

還沒等小張致謝，董事長已走出電梯離開了。

這時候的小張激動萬分，自己對自己講：

「我這一輩子就是賣給他我也認了！」

後來，這句話還真應驗了，8年後，小張變成老張，但大多數人叫他張總。

如果說，第一個故事為「攻心為上」，那麼，第二個故事就是「吃人嘴短，拿人手軟」了。

年前，無論大公司、小公司都要發紅包，大公司紅包大，小公司紅包小，這是常理，無可厚非，但就在大家正準備歡歡喜喜過年的時候，資深的主管常常會被單獨喊進老闆的辦公室：

「老闆，有事嗎？」

「什麼老闆！我們是老夥伴，事業上的夥伴，坐坐，喝杯茶！」

老闆親自給你倒茶，這與此前叫祕書倒茶，是有著不同意義的。

老闆又開口了：

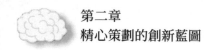

「這些年，讓您受累了，沒有您的大力支持，我哪有今天。我也不好去府上拜訪 —— 走得了這家走不了那家。今天給你拜個早年，這個小紅包是給你兒子的。記住，這是給小孩的，你已經得了年終獎，可別獨吞了。」

主管連忙伸手婉謝：

「不用了，不用了。」

一陣推拉之後，主管很勉強地接過紅包，出門開封一看，哇，10 萬元！

這個主管的下半輩子也就被買斷了。

有人戲稱，老闆最喜歡的一道菜是炒魷魚，實際上，老闆可以炒員工，員工也可以炒老闆，發達的經濟正是炒的基本土壤，同樣，天下的錢是賺不完的，學會分肥你就學會賺大錢了。

「陰陽腦」與「創新腦」的區別

所謂「陰陽腦」，就是講的和做的常常是相反的東西，不到關鍵時刻不會輕易表明「是」或「不是」，因此，這類人的「腦」稱之謂「陰陽腦」。

多數人恐怕都會有以下的「遭遇」：

有一天，或者是晚上，或者白天，有位朋友來訪，說過一段客套話，雙方就坐，你開始準備洗耳恭聽來意，誰知道，這位朋友說三講四的講了兩三個鐘頭，你還沒有弄清他的來意。最後，你只好問：「老 X，你到底有什麼事？好朋友，有話直說。」

「沒有事，沒有事。就是順便過來聊聊而已。」

又是扯三扯四，又過了一個小時。

你又說：「沒有事是不是改天再聊，這麼晚了（或者是快下班了）。」

還是回答沒有事，你只好站起來送客，一陣無語之後，走到樓梯口，當你正要說再見時，老 X 開口了：

「最近手頭有點緊，能不能借 2 萬元周轉一下，下個月我立即還你！」

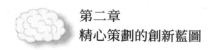

第二章
精心策劃的創新藍圖

　　天啊，這麼熟的朋友，5分鐘就可以決定的事，這老兄偏偏花了3個多小時。

　　這個故事，千萬不要一笑了之，如果你不深刻體會華人的這種「陰陽腦」，你的生意就無法做大。說不定哪天還會吃虧！

　　一家廣告公司剛開業時，一天，一位新來的業務員突然笑嘻嘻地向老闆「報喜」：「我有了一個大客戶，他準備投放100萬廣告費。」

　　問：「他看了我們的媒體策劃書沒有？」

　　「看了。」

　　「沒有什麼意見？」

　　「沒有，他說很好！」

　　「那他還說什麼？」

　　「他說再聯絡。」

　　老闆立即通知他去把媒體策劃書拿回來。新來的業務員一雙純潔的大眼頓時睜得溜圓，怎麼，這麼大的生意都不做？

　　其實他不曉得，這單廣告已經「黃」了。所謂的「再聯絡」和官方的「研究研究」是一個樣的。這單廣告只要進入了「再聯絡」階段，就是一個美麗的肥皂泡，再發展下去就是「風蕭蕭兮易水寒」了！

這又應了一句名言：嫌貨才是買貨人。

比喻有人要買你的貨左挑右揀，嫌東嫌西，意見一大堆，這就是真正的買家，問的愈多愈仔細，這就是大買家了。

這裡有一個朋友講的故事。

在一次盛大的宴會上，俄國人、法國人、德國人、義大利人爭相誇耀自己的民族文化傳統，只有美國人沉思不語。為了使自己的表述更加形象，具有說服力，他們紛紛拿出了具有民族特色，能夠展現民族悠久歷史的文物——酒來互相碰杯相敬。

俄國人拿出伏特加，法國人拿出大香檳，義大利人拿出葡萄酒，德國人拿出威士忌，輪到美國人時，只見他把各種酒兌在一起，隨之舉杯相敬，說：這叫雞尾酒，它展現了美國國家的精神——組合就是創造。

這則流傳甚廣的廣告故事，意在指出舊元素創造新思想。在商界更是一把開山斧，攪得市場如火如荼。

輪子與轎子的組合產生了轎車；

輪子與舟楫的組合產生了輪船；

車船和翅膀的組合產生了飛機。

而上述的一切組合恐怕就是「阿波羅」了。

當然，這是宏觀的組合，而微觀的組合更是商業的行銷之父。

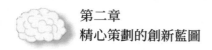
　　當然，這個組合的過程就是動腦的過程。

　　1985 年全日本最暢銷的新產品是一種迷你文具組合，這個組合一年內賣完了三百萬套，不但創造了日本文具界銷售奇蹟，還為該公司賺進了 54 億日元。

　　這個組合太簡單了。

　　一個長 12 公分，寬 8.5 公分，高 3.5 公分，比菸盒大一點的盒子，裡面裝有尺、美工刀、膠水、膠帶、剪刀、捲尺、釘書機共 7 種文具。

　　如果把這 7 種文具分開來看，由於本身盒子太小的原因，他們也只是平常的 1/3 到 1/5 那樣，特別是那個膠水瓶，和眼藥水一樣小，實在是不起眼。

　　但一旦組合起來，小小文具就迷死你了。

超越常規的思考

所謂商業無定勢，恐怕是人無我有的經營法的最好解釋了。

要想做到人無我有，這可是商業的最高境界。想想看，無中生有，無理無據，敢為人先，實在是商膽包天才能辦到的事。

其實，能人所不能，正是商人的生存之道。

比如說，大餐廳的選單肯定是厚厚一本，小餐廳的選單肯定是薄薄幾頁，但精明的商人卻開出一個沒有選單的餐廳——速食店。

牛頓（Sir Isaac Newton）名言，大意是他的成功是因為站在巨人的肩膀上。那麼，商人的成功，是因為站在利潤的肩膀上大膽創新。

古人道：「勿以善小而不為」，其原意是指別小看做點滴善之舉，其意義是很大的。在企業經營活動中，經營者切勿忽視細小的環節，往往因很小的改進和創新，會給你帶來生意興隆，滾滾錢財。

日本有家生產汽油打火機的工廠，它在 1950 年代一直慘

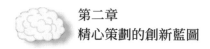

淡經營，生意發展不起來。在 1960 年代初期，該工廠老闆想法改進自己的產品，對某個部件試以改動一下。他無意中將打火機的火芯蓋上加鑽一個小孔，使得它灌一次汽油可保持使用 50 天，比原來只能使用 10 天多了 4 倍。正因如此，他生產的打火機比競爭者優勝得多，他的生產驟然興旺起來，沒多久，他成為億萬富翁。

日本有一位經營鈕扣的小商人，祖輩終年辛勤勞碌，僅能勉強維持生活。這小商人從打火機火芯蓋鑽釓得到啟示，把自己經營的鈕釦做成空心的，內灌入香水，密封後再鑽一個小得眼睛都看不見的小孔，香水自然會慢慢地散發出香味。這樣，一種「香鈕釦」誕生了，女性非常喜歡，這小商人立即申請了專利，大量生產這種「香鈕釦」供應市場。三幾年時間，這位小商人變成了大財主。

日本人有個習慣，喜歡送貨上門，顧客需要吃些什麼東西，一個電話即會按要求把熱騰騰的可口食品送來。有位叫當麻莊司的人接手父親的麵食店後，經常送湯麵到顧客家裡去。他常常為這些湯麵傷腦筋，因為湯麵裝在飯盒裡，路上車子一搖動顛簸，麵湯就會溢位，到了訂戶手裡往往所剩無幾了。

當麻莊司經過精心研究，設計出一種湯麵運送器。這種運送器裡面裝有彈簧，當受到外面震動時，飯盒就不會搖動

了。因當麻莊司的麵食店有此招，生意比別人興旺得多，他為此賺了大錢。更多的收入還在於他這項專利，現在日本有專門的工廠生產這種運送器，每臺售價1萬多元，他獲得了專利費1億多日元。

又如雨傘這個商品，在第二次世界大戰後出現一種可摺疊的新款式，它折起來只有1英尺長，可放進手提包，攜帶方便，很受顧客歡迎。當時，日本也從美國進口這種新型摺疊雨傘。

日本雨傘製造商村田啟一認真研究了這種進口雨傘，發覺它雖然有摺疊的優點，但必須把傘骨一根一根地摺疊後才能縮短，使用時很不方便。村田啟一針對這個缺點，進行研究改進，沒多久，他研究出用小彈簧安裝在每一支傘骨上，一下改進了這個缺點，使用時輕輕一拉傘骨的托盤。整把雨傘的10條傘骨則會自動摺疊起來，非常方便。

村田啟一因改進這種摺疊雨傘，他的生意獨占日本市場鰲頭，他的產品也迅速銷向世界各地，錢財滾滾而來。另外，他這項簡單的創新，亦如當麻莊司發明的運送器一樣，獲得了專利權，這專利權使他每年贏得1.8億日元的專利費。

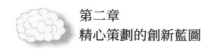

「厚利」與「多銷」共存

　　「薄利多銷」是商海中的一句名言，但這句話並非對所有商品都適用。在一些特殊情況下，對一些特定商品而言，經營者採取高價策略，往往也能得到「多銷」的結果。

　　美國一位叫米爾頓・雷諾茲（Milton Reynolds）的企業家就因善於靈活運用高價策略而獲得了成功。一次，雷諾茲發現一家製造鉛字印刷機的工廠破產待售。這種印刷機的用途之一，是能夠供百貨公司印製展銷海報。雷諾茲看準這點，立即借錢買下工廠，然後把機器重新定名為「海報印刷機」，專門向百貨公司推銷。原來的印刷機，每部售價不過595 美元，更名之後，雷諾茲把價錢一下子提高到 2,475 美元。他認為，現在百貨公司都在大力推銷產品，「海報印刷機」正好能夠滿足他們的特殊需要，而對某些獨特產品來說，定價越高，越容易銷售。果然，「海報印刷機」銷路頗好，雷諾茲大賺了一筆。

　　雷諾茲並不滿足，而是時刻尋找新的「搖錢樹」。1945年 6 月，他到阿根廷商談生意時，終於發現了目標，這就是今天的原子筆。雷諾茲看準原子筆具廣闊的市場前途。他立

即趕回國內，與人合作，晝夜不停地研究，只用了一個多月便拿出了自己的改進產品，搶在對手的前面，並利用當時人們對原子的情緒，取名為「原子筆」。之後，他立即拿著僅有的一本樣品來到紐約的金貝爾百貨公司，向公司主管們展示這種「原子時代的奇妙筆」的不凡之處：可以在水中寫字，也可以在高海拔地區寫字。這些都是雷諾茲根據原子筆的特性和美國人追求新奇的性格，精心制定的促銷策略。

果然，公司主管對此深感興趣，一下子訂購了 2,500 枝，並同意採取雷諾茲的促銷口號作為廣告。當時，這種原子筆生產成本僅 0.8 美元，但雷諾茲卻果斷地將售價抬高到 12.5 美元，因為他認為只有這個價格才讓人們覺得這種筆與眾不同，配得上「原子筆」的名稱。1945 年 10 月 29 日，金貝爾百貨公司首次推銷雷諾茲原子筆，竟然出現了 5,000 人爭購「奇妙筆」的壯觀場面。大量訂單像雪花一樣飛向雷諾茲公司。短短半年的時間，雷諾茲生產原子筆所投入的 2.6 萬美元資金，竟然獲得了 1,558,608 美元的稅後利潤。等到其他對手擠進這個市場，殺價競爭時，雷諾茲已賺足大錢，抽身而去。

要掌握高價的技巧，關鍵在於了解什麼樣的商品適用於高價策略。一般來說，當你經銷的商品具有下列優勢時，可以毫不猶豫地推出高價策略：經銷商品具有獨特性，即指一

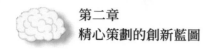

些尚無大規模製造的產品；該商品市場需求缺乏彈性，價位高低不會使需求量減少很多；能把該商品樹立成為高級品的形象；尚不具備大量生產條件，但社會需求量較大的新產品。

良好策劃塑造美好未來

　　歷史是在合力的推動下前進的。隨著時間的推移，你身邊的環境會在合力的作用下日新月異地變幻，這就需要你充分運用自己的智慧，做出對自己終生事業有利的選擇。

　　關於這個概念，最好的例子是法國博物學家尚　亨利·法布爾（Jean-Henri Casimir Fabre）所做的一項研究的結果。他研究的是巡遊毛蟲。這些毛蟲在樹上排成長長的隊伍前進，有一條帶頭，其餘跟著。法布爾把一組毛蟲放在一個大花盆的邊上，使牠們首尾相接，排成一個圓形。這些毛蟲開始動了，像一個長長的遊行隊伍，沒有頭，也沒有尾。法布爾在毛蟲隊伍旁邊擺了一些食物。但這些毛蟲要想吃到食物就要解散隊伍，不再一條接一條前進。

　　法布爾預料，毛蟲很快會厭倦這種毫無用處的爬行，而選擇轉向食物。可是毛蟲沒有這樣做。出於純粹的本能，毛蟲沿著花盆邊一直以同樣的速度走了 7 天 7 夜。牠們一直走到餓死為止。

　　這些毛蟲遵守著牠們的本能、習慣、傳統、先例、過去的經驗、慣例，或者隨便你叫它什麼好了。牠們做事很賣

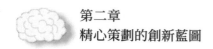

力，但卻不顧已變化的外部環境，沒有及時調整自己的選擇，只顧埋頭苦幹，最終只能是毫無成果。許多不成功者就跟這些毛蟲差不多。由於智慧不足，他們無視身邊的環境變化，不善於及時做出明智的選擇，以為忙碌就是成就，做事本身就是成功，最終卻只能是一無所獲。

在生活中當你發現自己所追求的價值目標不合時宜時，你應當依靠自己的智慧及時更換自己的選擇。只有如此你才能獲得人生成功的起點。

維克多・格林尼亞（Victor Grignard）年輕時整日遊手好閒，不思進取。有一次，在一個盛大的宴會上，他像往常一樣傲氣十足地邀請一位年輕美麗的小姐跳舞，那位女孩覺得受到了極大的侮辱，怒不可遏地說：「算了，請你站遠一點。我最討厭像你這樣的花花公子擋住我的視線。」這句話刺痛了格林尼亞的心。他在震驚、痛苦之後，猛然醒悟，深感自己好無才學，讓人看不起，他對自己的過去無比悔恨，決心離開這裡，去闖一條新路。他在留給家人的紙條上說：「請不要探問我的下落，容我刻苦努力學習。我相信自己將來會創造出一番成就來的！」結果，經過 8 年的刻苦奮鬥，他終於發明了以他的名字命名的「格氏試劑」，並榮獲諾貝爾化學獎，成為著名的化學家。

人對自己能力的了解也需要智慧。隨著時間的流逝，當

你發現自己所定的目標不能充分發揮自己的才能時，也應當及時修正它，以確保獲取更大的成功。如果由於你的智力缺陷而不了解這一點，沒有能使自己的所長發揮和利用起來，你所從事的職業需要的才能，正是你所缺乏的，那麼，你將會一事無成，而只有你認知到了自己的才能，才有可能獲得成功。

泰戈爾（Rabindranath Tagore）年輕時曾有過進行發明創造的幻想，但結果使他失望，後來他致力於文學，一展宏圖。別林斯基（Vissarion Grigoryevich Belinsky）大學時寫過詩，一度又想當演員，可是連一點演戲的天賦也沒有，後來他發現自己有一種識別天才的非凡才能，便寫文章評論果戈里（Nikolai Vasilievich Gogol-Yanovski）、普希金（Aleksandr Sergeyevich Pushkin），終成偉大的文藝理論家。珍·古德（Dame Jane Goodall）意識到自己沒有過人的才智，但卻有超人的毅力，所以，她沒有去攻數學、物理學，而是進到非洲深林裡考察黑猩猩，終於成了一位有成就的科學家。

古人云：「知人者智，自知者明」，只有善於把活動的目標建立在與自己的才能相適應的基礎之上，才有取得成功的希望與可能。「三百六十行，不能說誰想做什麼就做什麼，行行要有才氣。讓我唱京戲就唱不好，我就適合寫作。所謂才氣就是：才能、素養。」

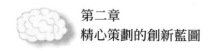
　　有時，善於根據自己的喜好調整自己的目標也很重要。因為興趣會激發你奮鬥的熱情。發現自己的喜好和調整自己的目標同樣需要智慧。

　　讓我們談談關於美國「福勒製刷公司」創辦人的故事。

　　「福勒製刷公司」首要創辦人艾爾弗雷德‧福勒（Alfred Fowler）出身於貧苦的農民家庭，住在加拿大東南的新斯科細亞半島。福勒似乎不能保住他的工作。事實上，在頭兩年中，他雖努力維持生計，卻失去了三份工作。

　　但是，接著在福勒的生活中，發生了根本性的變化。因為他經過認真思考，開始嘗試銷售刷子。就在那時，福勒受到了激勵。他終於意識到他的最初的三份工作對他都是不適合的。

　　他不喜歡那些工作。

　　那些工作並非自然而然地來到他的身邊，自然而然地來到他身邊的工作是銷售。他立刻明白了：他的智力會在銷售上得到最好的發揮。他會把銷售工作做得很出色，他喜愛這種工作。所以福勒把他的思想集中於從事銷售工作。

　　他成了一個成功的業務員。他在攀登成功的階梯時，又立下一個目標：那就是創辦自己的公司。如果他能經營買賣，這個目標就會十分適合他的個性。

　　艾爾弗雷德‧福勒停止了為別人銷售刷子。這時他比過

去任何時候都更為興高采烈。他在晚上製造自己的刷子，第二天就出售。銷售額開始上升時，他就在一所舊棚屋裡租下一塊空間，僱傭一名助手，為他製造刷子。他本人則集中精力於銷售。那個最初失了三份工作的孩子取得了什麼樣的最終結果呢？

福勒製刷公司擁有幾千名業務員和數百萬美元的年收入！

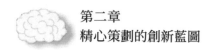
走出舒適圈

人生的道路雖然漫長，可是要緊的往往只有那麼幾步。對於走出象牙塔的莘莘學子來說，如果說學測是人生的第一次突圍的話，那麼畢業找工作將是另一次更重要的突圍。

大學生們，是否要反思一下，是靠戶口來保障一切，還是靠自己的才幹、自己的努力向社會創造更大的財富來獲取應得的回饋呢？

長期以來，東亞高等教育走進了這樣一個「惡性循環」，學文科的根本不沾數理化，而學工科的則文字水準或表達能力奇差，這種教育體制的弊病則造成了學生知識結構的單一。

而東亞的大學生，往往是學測前的一紙志願就決定了今後幾年大學生涯的專業方向，很難有機會換科系。這樣一方面知識結構單一，一方面如果科系不符合自身志向而又無法調換時就容易產生厭學心理。這樣的惡性循環，只能造成大學畢業生職業素養的低下。

當然，這種只適應以往計畫經濟條件下的分配缺席的僵化模式在市場經濟條件下的雙向選擇就業制度下已經開始改革。

　　那麼，我們的大學生們，是否應該積極主動一點改變自己單一的知識結構呢！現代社會需要的是複合型的人才，只有具備更廣博的知識才能在就業市場上立於不敗之地。

　　在 80 年代初，當法國存在主義者、著名文學家沙特（Jean-Paul Charles Aymard Sartre）的一句話出現在亞洲青年眼前之時，引起了一陣「自我設計」的熱潮。這句話就是：

　　「英雄使自己成為英雄，懦夫使自己成為懦夫。」

　　也許，這句鼓勵自我奮鬥、自我實現的名言對今天的大學生們同樣適用。面對社會轉型期的困惑，面對「雙向選擇」的競爭，還有許多需要痛苦面對的現實。在這些挑戰與抉擇面前，我們是退避三舍，還是揮戈進擊？

　　也許，面對 21 世紀的召喚，我們更應該莊嚴地宣誓：選擇堅強！

　　曾幾何時，大學生被譽為天之驕子，只要能跨進大學的門檻，便意味著改變你一生的命運。可是如今的情況不同了，當你拿著一張文憑走向社會時，就業之途並非一帆風順，用人的門檻不斷升高；一個個職位向你們發出嚴峻的挑戰，面對這一切，你該如何應戰？

　　面對如此激烈競爭，畢業生們難以保持往日天之驕子的從容姿態，他們紛紛審時度勢，尋找出路。由於政策實行一定程度內的雙向選擇，選擇權的加大，既是喜事也是負擔。

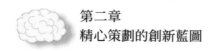

推銷自我，理智找工作，成為畢業生迎接社會挑戰擺出的第一個戰姿。

這一步，的確邁得特別艱難。

6 月，莘莘學子告別美麗的校園，奔向一個個屬於他們的工作職位，同時也完成了一次真正屬於從少年進入成年意義上的儀式。回顧這段由學校步入社會的又一次心理斷乳期，回顧這段光榮與夢想、焦慮與失落夾雜其間的畢業經歷，相信許多大學生們都會有終生難忘的記憶。

「這段時間就像等待死刑判決的人一樣難熬。」

在這理想與現實交戰、精神與肉體砥礪相互交織的畢業、找工作過程，可以折射出一連串令人振奮或令人困惑的現象與問題，它促使我們去思考：什麼才是真正代表當前這批大學生的生存狀態與思想層次的東西。

1997 年初，數千名大學畢業生步入就業市場的同時，率先喊出「理智找工作」的口號。這一口號很快為眾多大學生所認可。

所謂理智找工作，主要指畢業生找工作時以客觀的心態，明辨形勢，準確定位，謀求合適的職業。然而細究起來，內涵卻十分豐富。

首先是實用主義和個人利益得到承認，講求實際，不諱言功利，不少畢業生在找工作時，「戶口、薪水、房子」三

位一體，成為找工作考慮的第一個條件。就如魯迅先生所講，「一要生存，二要溫飽，其次才是發展」。由於政府機關工作穩定，公務員待遇提高，1997 年「考公務員熱」繼續升溫。

P&G、殼牌、ICI 等外商企業爭先到大學「搶」人才，應徵者同樣多不勝數，某些公司招收名額不足 10 名，報名的竟達數百，且多為學生中之佼佼者。一位應徵者說：「到外商企業，第一，薪水高福利好；第二，有發展潛力。何樂而不為？」這番話代表了相當一部分應徵者的心態。

自然，理智找工作的內容不僅包括實用主義得到承認，同時還包括畢業生在選擇過程中冷靜分析形勢與自我條件，尋找有利於自己發展的位置。

意識到競爭激烈，一些畢業生「以退為進」，願意從基層做起。某商學院飯店管理系一位畢業生自願到一家飯店當服務員，「找工作難以一步到位」，他說，「假設自己真有能力的話，主管不會埋沒你的。」

「充分的準備加上充分的自信是我的求職資本」，一位女大學生說，「我做好了幾手準備，尋找最好的目標，做最壞的打算。」言談之中十分樂觀。

對大學生的「理智找工作」，人們褒貶不一。有人惋嘆「理想主義和浪漫主義一去不復返了」，更多的人卻認為

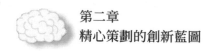
「大學生學會面對現實是社會的進步」，是非任人評說，事實上，大學生的理智找工作已經成為大勢所趨。

理智找工作只是就整個的找工作趨向而言，事實上，在整個找工作過程中，由於大學生本身缺乏社會經驗以及現實中的種種客觀因素，使得找工作的過程充滿曲折，時而柳暗花明，時而異峰突起，讓人大悲大喜。

阿敏是某前段大學國際金融系的畢業生，她說：「求職找工作使我成熟了不少，也老了不少。」言下頗有心力交瘁和無奈之感。阿敏成績優秀。電腦英語極佳，一開始更是信心十足地踏上找工作的路。在 P&G、安達信（Arthur Andersen）等幾大外資公司應徵中，阿敏卻往往在第三輪面試中落馬。敗下陣後痛定思痛，發覺是自己過於傲氣，自以為證書可以說明一切，可人家看的是綜合素養，自己甚至連為什麼應徵都還沒想清楚，自然落榜。1 月 3 日，阿敏參加應徵會，結果又一敗塗地。大學人才如猛龍過江，競爭激烈。好不容易有個公司給了她一次筆試的機會，阿敏辛辛苦苦答了 3 個小時，結果人家還是要了一個漂亮的女孩。此後她連續跑了幾場應徵會，卻因自己戶籍而屢屢被人拒之門外。正在阿敏深感受挫折之際，一家新公司表示願意接收。雖然月薪不高，阿敏還是簽了約。「找工作的話，成績、能力、素養是前提，運氣才是關鍵」阿敏總結似的說。

　　像阿敏一樣，不少畢業生把找到工作（尤其是透過應徵會找到）稱為「運氣好」，大概是在這種雙向選擇中，有太多難以確定的因素，前途也因此顯得變幻莫測，難以掌握未來。

　　「選擇是一種幸福，也是一種痛苦」，一位中文系的女生說。她的找工作過程充滿了戲劇性，先是某家公司答應接收，讓她高興了兩個多月，結果 3 月底就業工作接近尾聲之時，公司才通知她由於沒有指標無法安排，這時她已拒絕了不少機會，一下子被懸在半空。其後她碰上兩個公司要她，在比較中兩者難捨難分，使她失眠了好幾夜。

　　在這一次重大的人生選擇中，久在象牙塔的學子們真正開始接觸社會，找工作成了他們進入社會之前的必修課，是了解社會與自我，磨練自身心理素養的必要訓練。當前，對於大多數畢業生來說，相信能找到一個有指標、有城市戶口的工作是首選，這個問題困擾著無數即將畢業的同學們。也可以說，這個「戶口」束縛著許多畢業生的勇氣、創造力和追求。

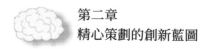

超凡記憶力帶來的幫助

記憶力是智力飛躍的柺杖。古今中外記憶力超群的人都具有相當大的發展潛力，而且在各個領域都有很大的建樹。你的記憶力如何？

記憶是智力活動的基礎。古今中外智力超群的人都具有非凡的記憶力。記憶力超群的人有較強的先天稟賦和記憶力。這樣的人一般可選擇歷史、地理、地質、民俗、哲學、生物學，也可選擇文學藝術、政治、科學等職業。如果努力，成功可能性較大。大哲學家王充自幼記憶力強，酷愛學習，6 歲時就跟著父親讀書認字，讀過的東西，他差不多都能過目不忘。8 歲的時候，有一天父親朗讀晁錯的〈論貴粟疏〉，小王充一旁默默地聽著，等父親讀完，王充幾乎一字不漏地把全文背了出來，父親又驚又喜，把他正式送到學館中去念書。在學館中，老師講的上千字的文章，王充很快就能背下來。漸漸地，老師講課不能滿足小王充的求知欲望了，他就在晚上自學《論語》、《尚書》，一邊讀一邊抄寫，接著就背誦，差不多每天都能抄一千字，背熟一千字。到了15 歲時，王充已經遍讀諸子百家，累積下淵博的知識，已是

一位才華出眾的少年。於是父母想方設法、節衣縮食把他送到東漢王朝的首都洛陽，讓他繼續深造。

到洛陽以後，王充又幾乎把全國藏書最多的圖書館翻閱了一遍，但仍不改自幼養成的習慣，一有機會還要到小書坊上去看書。他不光讀諸子百家的經典著作，還廣泛涉獵其他學科的書，使他掌握了不少自然科學的知識。還有當時被視為「非聖無法」的書，如桓譚的《新論》，他都非找來讀不可。

智力超凡的王充憑著自己驚人的記憶力熟讀背誦了大量各類著作，涉及自然科學及諸子百家的各種文章。到 32 歲時，王充就開始撰寫其鉅著《論衡》，他堅持不懈地寫了 30 多年，直到他去世，終於完成了這部鉅著。這部 30 多萬字的論著是中國哲學發展史上的一塊里程碑，無論在學術上，還是在思想上，至今仍有很大的參考價值。謝夷吾在向光武帝劉秀推薦王充時，說他是少有的天才，連孟子、司馬遷都無法超過他。

古今中外，智力出眾、記憶力不凡的人在相關專業成才的例子不勝列舉。像宋代大詩人黃庭堅也是幼年博聞強記、讀書幾遍後就能口誦，5 歲就熟讀了詩、書、易、禮、樂等五經。有一天，他問老師：「人人都說有六經，為什麼只讓我讀其中的五經。」老師說：「《春秋》不值得一讀。」黃

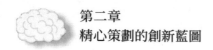

庭堅卻不以為然地說:「既然稱作經書怎能不讀呢?」於是,自己找來《春秋》,十日成誦,無一字遺漏!經過一番努力,黃庭堅終於成為一代大詩人。

科學研究顯示,記憶力超強的人,具有相當大的發展潛力,若能求學深造必有所成,特別是在那些相對需要有較強記憶力的學科更易創造輝煌,例如歷史、地理、地質、民俗、生物學等。就是離開科學研究機構到社會上也易出人頭地,成為名演員、藝術家、評論家或政治家。

想像力：文藝家的靈感之源

　　豐富的想像力是智力飛躍的翅膀。想像賦予藝術生命力，想像給予科學家解決問題的鑰匙，想像能使天文學家解開宇宙的奧祕，想像為政治家創造新世界的希望。如果你具有豐富的想像力，那麼你可以選擇藝術、文學、科學及工程設計類職業。

　　李白小的時候智力過人，記憶力很強，想像力十分發達。他 3 歲時，聽到爸爸講神仙，他就說：「月亮是神仙的寶鏡」，他用手指了指天上的月亮，「您看，神仙正在天上照鏡子呢。」他聽到媽媽講月中有白兔在搗藥，他就問：「白兔搗藥給誰吃？」隨後又自答：「是給我吃的。」邊說還邊咂嘴。

　　李白 5 歲時，爸爸開始教他讀書認字。爸爸邊教邊講解。爸爸講司馬相如的〈子虛賦〉，李白的眼前馬上出現了千里以外的雲夢大澤，他能活靈活現地說出那裡的山是什麼樣，水是什麼樣，土地是什麼樣，出產的東西是什麼樣。爸爸講〈離騷〉給他聽，他覺得自己是緊跟著屈原上天入地的遊蕩，山中的神女、河邊的帝子都看得清清楚楚。爸爸講

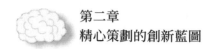

《莊子》給他聽，書中大鵬展翅、翱翔宇宙的神話更使他神往，小眼睛閃著夢幻似的光，問爸爸：「我能變成一隻大鵬鳥嗎？」

李白 15 歲時，有一天，家中來了一位客人，很有風度，是當時頗有名氣的文人。他是到蜀中來做官的。他在長安時曾經聽到過李白的詩名，此次到蜀中還沒去上任，就先來拜訪李白了。李白在鄉間長大，外面的世界聽說得不多，客人的到來，給李白帶來了意外的驚喜，他整天傾聽來客談論山南海北的見聞，特別是開元皇帝在驪山之下、渭水之濱舉行大獵的盛況，勵精圖治的雄心，引起他豐富的想像，他的心像長了翅膀，飛到千里以外去了。他好像看見了京城長安，看見了東都洛陽，看見了坐在金鑾殿上的皇帝，聽見了《秦王破陣樂》，聽見了六軍歡呼聲，甚至聽見了萬里以外有人呼喚他。李白再也按捺不住洶湧的詩情，揮筆作起賦來。半天時間，一篇雄奇瑰麗、上千言的〈大獵賦〉便寫成了。

李白把〈大獵賦〉送到客人面前，客人十分吃驚，反覆看了三遍，口中連說：「奇才！奇才！」然後對李白的父親說：「小公子只是聽我講了一下，竟然如同他親眼目睹一樣，他是有著神奇的想像力。這氣魄、這文辭，簡直可以和司馬相如平分秋色了！」接著又對李白說：「好好寫吧，第二個屈原就要橫空出世了！」這位客人臨告別時，對李白

說：「青蓮鄉對於你是太小了，外面的世界很精彩，你要走出鄉間去看看。」

李白在以後的日子裡，幾乎漫遊了大半個中國，憑著其豐富的想像力寫下了上千首不朽的詩篇。由於他的作品縱橫馳騁、一瀉萬里的氣勢及其神奇瑰麗的想像。李白成為中國詩壇上一顆璀璨的巨星，被後人譽為「詩仙」。

下面我們看一下另一個因想像力強這個智力因素而成為詩人的雪萊（Percy Bysshe Shelley）的成才過程：

雪萊於 1792 年 8 月 4 日出生於英國索塞克斯郡的一個貴族家庭。他從小就聰敏而富於想像力。他樂於讓日常寧靜的一花一木充滿神祕的色彩，在神奇的幻想故事中，他多姿多彩的想像力得到盡情的馳騁。他早就在家裡的閣樓上發現了一間終年鎖著的房間，便想像這房裡住著一個長鬍子煉丹老翁；當大家聽到閣樓上有聲響時，小雪就說是巫師打翻了他的油燈；他在家裡的每一個舊牆洞裡都插進一根小木棍，然後以此為路標去尋找埋藏寶物的祕密通道。豐富、神奇、多彩的想像力，為雪萊日後的詩歌創作插上了升騰的雙翅。有一次，雪萊在泰晤士河畔讀書，他讀著，讀著……不知不覺中，天色漸漸暗了下來，在暮靄中他看見一個身穿白裙的女孩從遠處向他走來，她美麗、清純。「就是她！」雪萊失聲叫道……

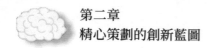
　　雪萊的聰慧和豐富的想像力使他在 29 年的短暫生涯中寫下了大量著名詩篇,成為世界著名詩人。

　　從李白、雪萊的成才過程可以看出,想像力是其非常重要的天賦,也是他們在詩歌王國裡馳騁遨遊的重要智力因素之一。

創造力：科學家的翅膀

思維是智力的靈魂，思維時時刻刻為人類點起創造的火花。人類從有生之日起便開始了創造的歷程。幾千年來，人類創造了天文學、物理學、化學、數學等一系列完整的知識體系，這一切無不是思維的結果。因此，思維力是一切人才尤其是理論家、科學家成才的翅膀。

天才數學家高斯，在童年時就顯示出超人的數學思維才能。有一次，高斯的父親為了結算幾個工人的薪水，又算又畫，弄了半天，累得滿頭大汗，最後站起身來，伸了伸懶腰說：「唉，總算算出來了！」而站在旁邊的小高斯卻低聲說道：「爸爸，您沒有算對！」父親不以為然地說，「你懂什麼？」高斯認真地說：「我自己心裡算出來的，不信您再算一遍，總數應該是……」

父親將信將疑，但還是仔細地核算了一遍，結果發現自己真算錯了，而兒子的總數才是對的。父親驚喜不已，一下子抱起兒子，高舉過頭頂。

過了幾天就把高斯送到了學校去讀書。

據說，有一次高斯為了演算一道比較困難的數學題，一

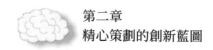

連幾天茶飯不思，神情麻木，很少說話。父母嚇得趕緊問他哪不舒服，他只搖搖頭，依舊在他的問題中神遊。媽媽摸摸他的額頭，不燙，看看他的臉色，又不像生病，末了只得搖搖頭，嘆息一聲走開去了。而這個剛過 10 歲的孩子，卻經常捧著一本本磚頭般厚的書，如迷地閱讀著，有時又一邊讀，一邊寫寫算算，一坐就是好幾個小時。這樣日復一日，高斯的數學能力進步很快，終於在 11 歲那年，發現了二項式定理，成了遠近聞名的小數學家。

15 歲時，高斯進入一所著名的學院深造。這期間，他閱讀了大量的數學文獻數據和古今著名數學家、物理學家、天文學家的著作，反覆精讀，並深入思考，年紀輕輕就成了著名的數學家。高斯之所以在數學王國裡能取得如此偉績，是因為他有著與一般人不同的思維力。

這方面的例子還有許多，像查爾斯‧達爾文（Charles Darwin），小的時候是個話語不多，但卻喜歡沉思的人。上小學時常常跑去江邊，有時，會獨自坐在江邊，一連幾個小時一動不動，滿腦子思考著一些稀奇古怪的東西。他興趣廣泛，有很強的發散式思維能力，能從自己收集來的很多不相關的標本玩物中推斷出一些常人想不到的結論。後來，達爾文走上了古生物進化研究道路。他不畏艱難險阻，憑著自己超人的智慧，最終成為 18 世紀一位思想敏捷、博學多識的哲

學家、博物學家、氣象學家、社會活動家、發明家、詩人和
醫生、進化論的先驅者。他的成功固然有很多因素，但他那
非同一般的思維能力是其成功的重要原因。

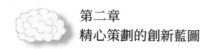
發明家不能沒有創造力

創造力是智力活動的落腳點。創造力強的人適合選擇科學、藝術、政治、工程技術類職業。如果在這些方面持續努力，可望成為科學家、藝術家、政治家或工程師。

聞名世界的近代大發明家愛迪生從小就表現出了強烈的創造欲。他 1847 年 2 月 11 日出生於美國的俄亥俄州的米蘭鎮，湯瑪斯·愛迪生的父親識字不多，母親當過教師。還是個孩子的時候，愛迪生常愛提一些莫名其妙的問題，滿腦子充滿了奇怪的東西，好奇心十足，常常做出一些常人認為是「愚不可及」的傻事：一次，愛迪生為了弄明白鐘錶為什麼會響個不停地走動，就悄悄地把家裡的鍾拆開，零件擺了一地，搞得家裡人好不生氣。

還有一次，愛迪生突然不見了，全家人急得四處尋找，母親更是急出了眼淚，不知道這個 5 歲的孩子會跑哪去了。最後，父親找到倉庫裡，發現他正一動不動地蹲在雞窩中。父親氣呼呼地問他：「你鑽在這個髒地方幹什麼？」

「我正在孵小雞。」愛迪生指指屁股下面的雞蛋，認真地回答說。

「你怎麼能孵出小雞來呢？」父親又好氣又好笑，伸手拉他，「還不快出來！」

「不，我要孵小雞！」愛迪生委屈地說：「我看見過雞媽媽就是這樣孵小雞的。」

「你是雞媽媽嗎？」

「為什麼雞媽媽能孵出小雞，我就不能呢？」

父親回答不上來這個怪問題，只得一把將愛迪生提了出來，看他屁股上黏滿了雞蛋清和雞蛋黃，一家人真是哭笑不得。

愛迪生很小的時候，就建立了一個「實驗室」，這個實驗室設在地窖，有了這個地窖實驗室，愛迪生更是如痴如狂地從事「實驗」工作，事實證明，這些早期的具有創造性的實驗工作為他日後的創造發明奠定了重要基礎。

有一次，愛迪生讀了一本關於氣球上天的書籍後，知道了氣球充了氣體後可以上天。於是他聯想到人體充滿氣體也許同樣可以上天。經過苦思冥想，他終於找到了給人體充氣的辦法：把用檸檬酸加蘇打製成的「沸騰散」吃進肚裡，便會產生大量的二氧化碳氣。有了這個主意，他便和小夥伴米吉利偷偷地實驗起來。結果，由於藥劑量過大，米吉利剛吃不久，便肚子痛得難受，躺在地上打起滾來，哇哇直叫，嚇得愛迪生也不知所措。幸虧母親聞聲趕來，找來醫生搶救，

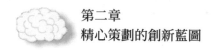
小米吉利才免於死亡。母親為此非常生氣，狠狠地罵了愛迪生一頓，並要關閉他的地窖實驗室。一聽不許他再做實驗，愛迪生「哇」地一聲哭起來，他一邊哭，一邊向母親承認了錯誤，最後才感動了母親，收回了禁令，讓愛迪生繼續使用地窖實驗室。

　　就這樣，愛迪生選擇了發明創造這條道路，並在這條道路上堅強地走了下去。終於，他憑著超人的智慧，發明了留聲機，讓機器說了話，也讓全世界震驚；他做成了第一個電燈泡，讓光明驅散了夜晚的黑暗。到 1931 年 10 月 18 日他逝世為止，他一生中共有 2,000 多項發明，成為古今罕有的發明大王，對人類的進步和繁榮做出了巨大的貢獻。

第三章

洞察深奧的創新智慧

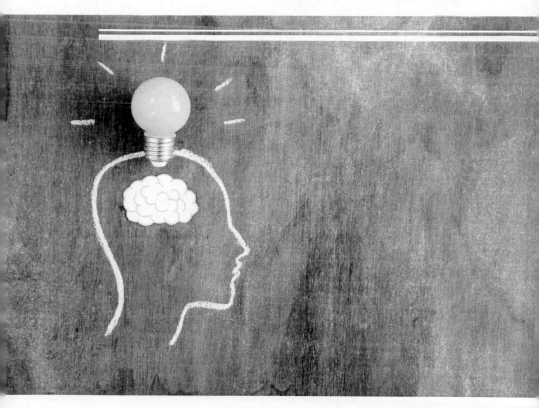

創意與財富的結合

　　歷史的巨人正在以迅速的步伐向前邁進，如果一個企業家仍然沉沒在傳統概念中，以為經濟高速發展的動力仍是土地、廠房和資本，頂多再加上引進人才和高科技而已，那麼，他就錯了。如果你認為你靠一技之長可以受用終生的話，那麼，你也錯了。你們全然沒有注意到，一個嶄新的時代已經悄悄地不可抗拒地來臨了。這就是知識經濟的時代。先進國家國民生產總值的增長中，知識成分已由本世紀的5％，上升為本世紀末的80-90％，而知識成分中創意所占比例是相當大的。當代世界首富比爾蓋茲（Bill Gates）說：「創意就如核分裂一樣，只需一盎司就會帶來無以數計的商業效益。」

　　每一個遊歷西方的人，幾乎總會遇上一家班尼頓（Benetton）四兄妹開的商店。商店的名字有：「班尼頓」、「托馬托」、「默塞里亞」、「我的市場」等等。豐富多彩的「班尼頓」馬球衫、羊毛衫和工裝褲征服了世界上各階層人士。從法國著名影星凱薩琳（Catherine Deneuve）、美國影星珍‧芳達（Jane Seymour Fonda）到義大利著名影星蘇菲亞‧羅

蘭（Sophia Loren），從摩納哥王妃卡洛琳（Caroline Louise Marguerite Grimaldi）到許多國家的名流們，還有追逐時髦的青年，無不以身穿「班尼頓」服裝為榮光。「班尼頓」服裝已成為一種國際性概念。班尼頓如此風靡世界，其奧祕何在呢？

首先，讓我們來看一看班尼頓的成功經營之道：

一是創造新需求，創造新產品。俗話說：「一招鮮，吃遍天」，這就是說，無論是企業家還是商業貿易家，都應從思想上革新，在產品上創新，推陳出新，以新致勝。班尼頓公司的決策人清楚地意識到：只有不斷創新，處處創新，才能與眾不同，才能開拓市場，站穩腳跟，立於不敗之地。一個沒有創新之術的企業，就是一個沒有發展的企業。在現代激烈競爭的條件下，只有搶先推出新產品，才能搶先占領世界市場。

盧西亞諾・班尼頓（Luciano Benetton）很崇拜卡通大王迪士尼（Walter Elias "Walt" Disney），因為他所繪的漫畫色彩鮮明，圖案別具一格。所以，盧西亞諾在設計圖案時，也盡量不落俗套，大膽使用誇張色彩。每次設計時，他都要參照歐洲、亞洲、非洲等各洲的傳統服飾圖案，再加上自己豐富的想像力，創造、編繪出適於毛衣編織的萬種趣味圖案，動靜有序，風格不一，色彩斑斕，生動有趣。數百種風格各異

的毛衣圖案,被分別用在多種款式上。由於班尼頓毛衣系列花色越出越多,圖案一再求新,已不知不覺走上了時裝的軌道,時裝之都巴黎各百貨公司及精品店也掛起了豐富多彩的班尼頓毛衣。

班尼頓公司的「創造新需求,製造新產品」的經營方針,使得班尼頓毛衣成為最受男士、女士歡迎的時髦裝束。

二是產品要順應時代的潮流。班尼頓毛衣公司在創造新品種的同時,十分重視掌握時代動向,生產順應時代潮流的產品。

班尼頓公司從一開始便意識到:毛衣商品的生產和經營,是為了滿足市場千千萬萬消費者的需求而進行的。只有適應市場消費者的實際需求,才能將產品銷售出去,從而公司得以再生產。所以,盧西亞諾總是馬不停蹄地乘私人飛機出外,對市場銷售狀況進行分析,及時發現消費的新動向。他經常親自到各大城市進行市場調查,用他隨身的無線電話,隨時與羅馬的弟妹們聯絡,通知決策大計,掌握未來毛衣趨勢,讓公司提前開發未來的新型產品,不斷搶先滿足這些新需要。

班尼頓公司在產品生產上做到了既能滿足社會市場短期和近期的消費需要,又能滿足社會市場長期的消費要求,使公司的產品能始終站在社會需求的前列,掌握生產經營的主

動權,從而生意興隆,財源茂盛,長久地立於不敗之地。

班尼頓公司的產品在注重時代潮流的變化,迎合顧客購買心理的同時,還十分重視及時掌握年輕一代消費者的意向。就某種意義來說,班尼頓產品風靡之關鍵,就在於掌握了青年男女們的心理,有了他們的支持,班尼頓公司才一直生氣勃勃,蒸蒸日上。

三是創新性的經營策略。班尼頓公司出產的毛服衣受到各國歡迎,除了色澤及圖案美觀之外,價廉物美可能是更重要的原因。盧西亞諾‧班尼頓常謙虛地說:「我們做服務性生意,以薄利多銷、滿足大眾為榮,不是時裝精品生意。」言外之意,他仍以服裝業的麥當勞漢堡自居。

所謂薄利,就是要適當降低銷售商品所獲得的利潤,而使商品的價格低廉,以此促進商品銷售量大大增加,彌補了因商品利潤減少而造成的損失。薄利、物美價廉是班尼頓賴以生存的方法,多銷又促成了班尼頓廉價的基礎,而多銷最有效的方法,就是開設新店,拓寬新的經營渠道。

另外,班尼頓還有一個經行銷售絕招「連環套」。如果一個顧客從一家班尼頓商店空手而去,那他走不遠,也許就會在同一條街上發現另一個班尼頓商店,不過商店的名字、貨色、氣氛、裝潢、音樂以及售貨風格都與前者截然不同。如果他仍無法如願以償,那麼一定還有另外的幾個班尼頓商

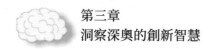

店在恭候著他。在西西里島的一條街上，班尼頓商店就達6家之多。而且，非常重視像紐約第五大街或英國王妃戴安娜（Diana, Princess of Wales）一類名人經常光顧的倫敦布朗普頓路這樣顯要街道上，搶占具有策略意義的銷售點。班尼頓是見縫插針，無孔不入。

　　班尼頓圍繞「創造新產品，滿足新需求」這個中心，來確定自己的經營策略，這種全方位的創意經營管理，實現了財富上的裂變。

小投資，大回報

　　不要說自己沒有本錢，即使僅有一分錢，也不要氣餒，不要因為僅僅是一分錢而輕視它，只要你獨具「慧腦」，一分錢也能創造輝煌。

　　有句俗話說「吃不窮，穿不窮，用不窮，不會算計一世窮」。一個人能否真正成為財富的主人，關鍵之處不在於他眼下擁有多少資本，而是在於他是否有一種能力去擁有，去運作。一個善於賺錢的人，應該是懂得「以錢生錢，以小錢生大錢」的人，一個懂得財富倍增原理的人。

　　這裡有一個歷代被當作笑話傳誦的故事：

　　有個朝不保夕的窮小子，一天外出去覓食，路上意外地撿到了一顆雞蛋！他樂得跳了起來，心想：這下子我終於要發啦！於是興沖沖地趕回家，大老遠便對老婆說：

　　「妳有家當啦！妳終有於家當啦！」

　　「家當在哪」？老婆問他。

　　「在這裡呢！」

　　他探手入懷，摸出了那隻暖乎乎的雞蛋，說：「就在這裡，這就是我們的家當！」

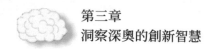
　　老婆一看是顆並不起眼的雞蛋，滿臉不高興地說：「什麼呀！我還以為你撿到了一塊金子呢！才一顆雞蛋，有什麼稀罕的，也值得你大驚小怪亂嚷一通？」

　　窮小子被老婆奚落了幾句，並不生氣，而是信心十足地解釋說：

　　「老婆，別洩氣。這確是好家當，只要妳有耐心，再加上足夠的信心，小心翼翼地去護理牠，只需十年功夫，我們便可以富甲一方了。」

　　「真的嗎？」老婆將信將疑，「說給我聽聽。」

　　窮小子見老婆也有了興趣，便唾沫四濺地描繪未來美景：

　　一顆雞蛋可以孵化出一隻母雞吧？

　　一隻母雞可以一個月下十顆雞蛋吧？

　　十顆雞蛋又可以再孵化出十隻母雞吧？

　　十隻母雞又每隻都各下十隻雞蛋吧？蛋變雞，雞生蛋，蛋又變雞，雞再生蛋；雞又生雞，雞又賣錢，錢又買母牛，牛又生牛，牛再生牛，賣牛得錢，錢再放債……十年功夫，便良田廣廈什麼都有了！

　　「還可以多娶幾房小妾美美地樂一樂呢！」窮小子得意地說。

　　老婆一聽，這小子居然還要討幾房小妾！那還了得？把老娘我放哪了？

於是來了怒氣，搶過雞蛋，砸在石板上，啪 —— 啪！家當全沒了！

這個古老的發財故事可笑嗎？

如果你讀後僅僅是一笑了之，沒有能從其中悟出點門道來，那麼，你的悟性還有些差距，至少，你離成功人士還有相當距離。

理財雖然魔力神奇，但它卻是相當脆弱的，如同一枚雞蛋，你只要拋落地板上，它就一切不復存在了 —— 至少它不是原形了。

要知道再少的財富也需要呵護與愛惜。因為財富的累積往往是由一顆雞蛋的價值開始的。

讓我們做進一步的推理，以求證一下雞生蛋、蛋孵雞致富的可能性有多大。

關於這個問題，我們完全可以舉出棋手與國王下棋的故事來加以闡釋。

國王為了證明自己的棋藝高超，硬要與棋手一決高下，並且誇大海口說，只要是棋手贏了，隨便他要什麼都行。

棋手說他不在乎別的東西，他只要小米就夠了。

國王問：你要多少？

棋手說：不多。如果我勝出，我只需要這麼一丁點小米。就棋盤方格那麼多。

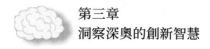
　　國王說：行，你說吧。

　　棋手說：第一格放一粒，第二格放兩粒，第三格放四粒，第四格放八粒……每下一格都是上一格的倍數！

　　國王想了想，棋盤有多少格呢！小米我有的是，便答應了。結果，國王真的輸了，便只好遵守承諾。叫來財政部長一算，嚇了一跳：所有國庫裡的小米都不夠數！

　　讀者朋友，你知道這是為什麼吧？這就是令人驚訝的生財妙法，我們姑且叫它為「財富魔法」吧。

大學生的成功之道

在美國電腦界,有一個名字非常響亮,那就是被稱之為電腦奇才的王嘉廉(Charles Wang)。

王嘉廉生於一個高級知識分子家庭,8 歲隨父母移居美國。王嘉廉大學結業後,正為日後的工作犯愁,他信手翻閱紐約時報的應徵專欄,注意到報紙兩整頁半的篇幅,都是應徵程式設計師的內容。五六十年代,美國的電腦業也是剛剛起步,「程式設計師」這個名詞在人們心目中還很陌生,然而,越是新鮮的事物往往對年青人的誘惑力越大,他一下子心血來潮,決定做一名程式設計師。他將自己的想法告訴了剛下班回來的父親,父親略加思忖,嚴肅地說:「我支持你的想法。不過,你必須具備這方面的專業知識。」

在父母的支持下,他進入哥倫比亞大學深造。他一頭扎進電腦王國,以驚人的毅力泡在電子研究實驗室,苦苦學習程式設計,很快便掌握了編寫程式的訣竅。四年以後,王嘉廉進入標準數據電腦公司謀職,具體工作內容是編寫和推銷加強 IBM 商家主機應用率的系統程式。踏上工作職位後,他的書生氣很快就被激烈競爭的市場衝得蕩然無存。從一系

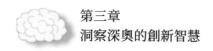

列回饋訊息中，王嘉廉總結出這樣一個結論：「電腦界最大的弊端是僅靠技術為驅動力，工業界依靠科技而發展，但科技人才卻從不聆聽客戶的需求。如果有人願意聽取客戶的意見，必定有很大的發展機會。」對於一個初涉世事的年青人，能有這樣獨到的見解，的確難能可貴。也許正是這種認知幫助他一步步走向成功。

創業需要契機，但有了契機，還需要你來充分把握。1976 年初，一個千載難逢的機遇向王嘉廉走來。一家瑞士公司來美國尋求銷售新的系統軟體的夥伴，這種軟體 CA-SORT 比 IBM 的同類產品快 1/4 倍，卻僅占硬碟儲存空間的一半。然而，標準數據電腦公司卻斷然拒絕了對 CA-SORT 的經銷代理，而且決定退出軟體市場。30 出頭的王嘉廉果斷地抓住這個機遇，他在說服兄長王瑞廉後，與另外三個夥伴聯手買下了標準數據電腦公司的軟體部門，共同創立了 CA 電腦公司。為了借地生財，他們答應標準數據電腦公司從盈利中抽取利潤。

創業之初，王嘉廉與夥伴們分頭跑市場，用 CA-SORT 爭取客戶。足下生財、行商致富，幾乎是千古不變的真理，機遇總是特別青睞勤勞的人。半年之後，他們便建立了 200 個 CA-SORT 的客戶。8 月分，CA 辦公室搬進紐約市麥迪遜街 655 號，與此同時，公司四處招兵買馬，引進有志之士和

有用人才，先後在洛杉磯、芝加哥、亞特蘭大、費城等地建立了銷售網點。公司已經初具規模，為了促銷，強化宣傳效應，王嘉廉親自著手擬製了第一份「CA 簡易指南」。

1979 年 9 月，是 CA 在銷售上取得成就的一個月，一家競爭廠商因過低猜想了自己的實力而輕易取消了一種與 CA-PYNAM／T 相似的產品的所有短期客戶的契約。CA 銷售部人員得到這一絕好訊息後，立即上報總部，王嘉廉大喜過望，說：「這簡直是上天對 CA 的恩賜！」於是，CA 又輕而易舉地爭取到 100 多個新客戶。

同年 11 月。CA 加拿大股份有限公司成立，公司設在多倫多，象徵著 CA 產品已打入加拿大市場。

在激烈的市場競爭中，企業之間大魚吃小魚是常有的事，身在商海身不由己，要想求生存求發展，就必須不斷地吃掉對手壯大自己，才能最終避免被對手吃掉的結局。所謂商場如戰場就是這個道理。充分利用競爭的這一特點，不斷地兼併、吞吃其他企業，是 CA 迅速崛起的原因之一，也是 CA 搏擊致勝的重要手法。

1980 年，CA 收購了一家在歐洲各國都有營運，總部設在瑞士的加盟公司，從使而 CA 擴展了它在歐洲的銷售市場。真是旗開得勝，首次收購就使得 CA 在瑞士、義大利、英國、荷蘭等地擁有了子公司。同年 10 年，CA 第一個視聽

部在 Jericho 總部成立。CA 的迅速壯大促成了公司股票的上市。1981 年初，CA 發行 50 萬普通股從而使 CA 大眾化，同年 12 月，CA 首次上市就集資了 1,200 萬元，為日後的發展奠定了雄厚的資本。有了雄厚的物質基礎，王嘉廉無所顧忌地掀起了一個個收購狂潮，為 CA 光輝燦爛的發展史塗上了最精彩的一個片段。

1982 年 5 月，CA 收購了卡培茲公司，1983 年收購了 SOA 公司和 IUS，並在紐約建成一座新大樓，同年，又在波士頓、休斯頓及華盛頓地區成立了地區銷售辦公室。1984 年 6 月，CA 收購了強森系統公司，8 月又收購了亞凱電腦公司。1985 年 3 月，CA 收購了加拿大培基軟體公司，4 月收購了價值軟體公司，10 月收購了管理和電腦服務公司「美克司」產品線的產品，12 月收購了 CGA 電腦公司。1987 年，CA 收購了整合軟體系統股份有限公司及軟體國際股份有限公司。同年 8 月，又以 8.3 億美元買下了尤克塞爾軟體公司。1988 年 10 月他收購了美國應用數據公司，1989 年 9 月又以 2 億美元收購了古力耐公司等多家軟體公司。

據統計，僅在 80 年代，王嘉廉就以風捲殘雲之勢收購兼併了 20 多家電腦公司。他本著「大量收購，積極消化，為我所用」的原則，對每一個收購來的公司進行「整合創新」，使其成為與母公司步伐協調一致的子公司。同時，他又能利

用被收購公司在技術上的優勢，為 CA 開發出更令市場刮目
的產品。

　　由於王嘉廉始終以市場為導向，收購、整合、創新都是
為了以高品味多樣化的服務贏得市場，由於 CA 的強大宣傳
以及產品本身的優勢，CA 的軟體已經成為整個產品的標準，
因此，許多客戶都許下了長期使用 CA 產品的諾言。

　　1995 年是 CA 的黃金時代，這一年世界各地舉辦了數千
場的 CA 曾談和 CA 使用者聯盟集曾，有數以萬計的客戶參
加研討。這一年 CA 的股東們皆大歡喜，附買回股加上股利
占股東獲益的 47％以上，CA 的普通股比前一年同期上漲了
92％，CA 的流通資本額升至近 100 億美元。

　　王嘉廉不愧一個成功的豪傑，1995 年 5 月，他又一次以
氣吞山河的氣概，以 17.8 億美元的價格收購了主要對手之
一的萊金特公司，開創了全球電腦軟體業當時最大的一次兼
併行動，這次行動的轟動效應猶如在華爾街發生了一次小地
震。從此，王嘉廉被同業譽為「電腦北極星」。

智謀造就成功

　　談到香港企業的兼併收購，不能不提到一位叱吒風雲，足智多謀的幹將，自 80 年代中期以來，香港幾乎所有著名的大收購事件背後，都閃現著他的身影。同時，他還積極參與內地企業赴港上市集資的活動，均由他和他手下的集團安排在香港上市，另外，中信泰富的歷次收購也均由他充當顧問，他就是香港證券界的「神奇小子」梁伯韜。他任董事總經理的百富勤集團成立不到三年便躍居香港十大投資銀行之列，成為全港第三大證券公司。

　　梁伯韜是加拿大多倫多大學工商管理碩士，1980 年開始先在著名的獲多利公司做了 5 年財務工作。1985 年，梁轉至花旗銀行的萬國寶通國際工作。1988 年 9 月，梁離開萬國寶通創辦了百富勤融資公司。百富勤在梁伯韜的帶領下，成立半年多就收購了香港老牌地產企業廣生行，隨後又兼併了泰盛發展和加怡證券，開始了飛速發展的過程。其中，收購泰盛成為百富勤發展史上的重要一步。

　　泰盛原來是一家地產公司，因而它一直擁有物業和租金收益。成立於 1972 年，在隨後幾年的地產低潮中，逐漸經營

起證券投資。在著名炒股專家領導下，泰盛在 80 年代的香港聲名大噪。泰盛在發展過程中，屢次遇到罕見的股災，但由於專家領導有方，泰盛不僅成功地生存下來，還不斷地發展壯大，比如 1987 年大股災後，恆指下跌 16％，而泰盛的盈利反比 1987 年增長 1 倍以上，達 1.28 億港元。然而進入 90 年代，專家看淡股市，有意退出江湖，於是產生了出售泰盛發展的念頭。這個機會，對於對香港股市前景充滿樂觀態度的梁伯韜來說，不啻是個天賜良機。因此，人們開玩笑說，百富勤收購泰盛，真有點冷手揀了個熱煎餅的味道。

1990 年 2 月 28 日，百富勤與泰盛發展主席及其家族達成協定，以每股 2.5 港元購入泰盛面值 0.10 港元的股份 1.9 億餘股，價格比前一日收市價高 5.3％，共值 4.78 億港元，占泰盛已發行股份的 34.9％。炒股專家辭去泰盛主席兼總經理職務。由百富勤主席杜輝廉接任主席，董事梁伯韜出任泰盛董事總經理。

當時港報的《股經》報導說，炒股專家終於退出股壇，新接手者為後起之秀百富勤，交易猶如老少第一號人物的相互交替，無怪乎特別惹人關注。並對這次收購雙方十分推崇。

收購後，1990 年 5 月 23 日，泰盛向最終控股母公司百富勤國際以 2.6 億港元收購百富勤融資及百富勤證券兩公司

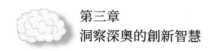

以實現百富勤的「借殼上市」過程。此時的收購完成後，泰盛改名為百富勤投資控股有限公司。

　　泰盛改組為百富勤投資後，梁伯韜又於 1991 年 4 月對集團內部公司控股關係進行重組。主要是將廣生行與百富勤投資的母子控股關係顛倒過來，原來關係是最終控股母公司百富勤國際，控有子公司廣生行 34.9% 股權，廣生行則控有孫公司百富勤投資 34.9% 股權。現在，由百富勤投資以 3.42 億港元向母公司百富勤國際購入其所持廣生行的 34.9% 股權，同時百富勤國際則以 5.08 億港元向廣生行購其所持百富勤投資的 34.9% 股權。另外，重組完後，廣生行將向百富勤投資購入所持麗港城商場 40% 股權而加以全資擁有。這樣，母公司百富勤國際控有的兩間上市公司的控股關係成為直接控有子公司百富勤投資，透過百富勤投資控有孫公司廣生行。子公司以財務投資業務為主，成為一支金融股，孫公司以物業投資業務為主，成為一支地產股，眉目清楚，架構分明，關係暢順，各展所長。

　　百富勤投資改組成功後，一面將泰盛原來大部分投資物業出售為長實套現，以增加營運資金，並與廣生行合作向長實購入麗港城商場，並全資劃歸廣生行經營，一面積極發展新的外匯期貨和商品服務，奉行直接投資方針，對亞太區有發展潛力、前景良好的公司、物業發展專案及特殊投資機

會進行投資，作為長線持有。這樣，百富勤既作為直接投資者，又擔任財務顧問，提供全面財務服務；同時，由於公司客戶包括各行各業，又可以為不同客戶間穿針引線，使客戶與投資公司合作，助其發展業務。特別是百富勤在市場上已樹立「收購專家」形象，所以盡量發揮它專長的策劃收購服務，充當上市公司財務顧問。

百富勤收購泰盛後，實力大增，1990 年一年之間，它擔任顧問或出任首席、聯席包銷商的交易有 35 項，其中包括總值 120 億港元的 8 項公司收購業務。1991 年，百富勤又收購了加怡證券，更是如虎添翼。1992 年，百富勤集團為 11 家公司安排公開招股，包銷了 12 家新股和 16 家配股，總計 190 億港元，累計投資了 16 家上市公司，分布 6 個國家與地區，該年度百富勤共盈利 6.68 億港元，營業額 42.38 億港元，比上年增長 1.1 倍。1993 年上半年，百富勤參與財務活動融資 118 億港元，並為 4 宗收購兼併行動提供財務顧問。另外還為 8 宗供股和 3 宗投資集資 58.85 億港元。更為著名的則有中信泰富的幾次大收購也都是百富勤和梁伯韜的傑作。僅 1993 年上半年，百富勤集團又盈利 3.81 億港元，比上年同期再增長 14.7%，營業額 30.55%，增長 59.2%。

梁伯韜對回歸後的香港經濟持樂觀態度，因而勇於在許多人不看好香港股市時大膽投資證券業。現在回頭來看，從

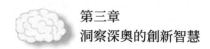

第三章
洞察深奧的創新智慧

1993 年港股首次達到 4,000 點開始，1994 年更是連闖 6 個千
點大關，直上一萬點，牛氣沖天，1997 年又連破歷史紀錄，
目前已躍在 14,000 點之上。其他因素的作用在經濟因素面前
全然失色，也證實了梁伯韜的獨到眼光。

以小博大

　　小男孩拉里‧艾德勒（Larry Adler）才 14 歲時，成就就相當傑出了。如今，他一身經營著三種生意，年收入已超過 10 萬美元。

　　拉里‧艾德勒是在 9 歲那年開始小本創業的。那年，憑著父親借給他的 19 美元，開設了一間除草公司，他獨自一個人，靠一部二手除草機找事做。一年之後，他用賺來的錢投資，又買了一臺新機器，第三年，又買了五臺機器，生意就像滾雪球一樣越滾越大了。

　　拉里‧艾德勒經營的除草公司，還將專利出售給美國、加拿大等國對此專案有興趣的人，同時，拉里還要到處去講學，教人如何經營除草公司。拉里的公司除了為客戶除草之外，還兼做掃落葉和剷雪服務。

　　拉里的第二種生意，是開設了一間兒童用品專賣公司。有一次，拉里進了 1 萬個塑膠籃，然後把一些糖裝進籃中交給零售店，結果一下子都賣光了。拉里善於統合各種貨物，組合後出售，使客源不斷。

　　拉里的第三家公司，是為教青少年如何做企業家提供服

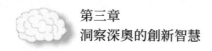
務的諮商公司。拉里在公司裡教與自己年齡相仿的人如何經商賺錢，還借本錢給他們，鼓勵他們積極創業。

拉里說：「做生意不在乎年齡大小，也不在乎本錢多少，關鍵要有創意，要用發財眼光去看待每一件事，找出它們能夠生財的支點來，然後你就知道該怎樣做了。」

拉里的目標是，在 18 歲時賺足 4 億美元。

聽到小男孩拉里・艾德勒的故事的人免不了要對「小不點」肅然起敬了吧。撇開他的雄心壯志不說，拉里獨具匠心的創業令人為之一新。他從事的都是符合自己力所能及的相關產業，眼光獨到，創意頗新。其實，身為成人更應明了以小搏大的作法。用拉里的話來說，「只要找著合適的支點，再小的年齡也能生財。」相信拉里的目標會實現的。

小公司的崛起

《老子》認為：「以其不爭，故天下莫能與之爭。」

「不爭」不是「無為」，而是放下競爭去為自己開路。現代大眾一窩蜂式的趕時髦，擠熱門，趨同一個考場，爭同一類生意，好像失去平衡的船，一下歪到這邊，一下傾到那邊，大家毫無自制力地彼此眼看亂擠，此時，精明的企業家則登高望遠，找大家盲目競逐之中所無暇顧及的撿上一兩種，種植與耕耘去了。

日本美玲公司的狀態在於不爭。美玲公司 1968 年成立時只有 5 個人，資金 67 萬日元，以美玲公司這種微型企業與力量雄厚的大企業相競爭，似乎是雞蛋碰石頭，自不量力。但美玲公司選擇了企業根本不屑一顧的專案 —— 清理城市垃圾。環境衛生在城市建設中十分重要，垃圾的收集和處理是不可缺少的，但一般人又多不願做這類事。美玲公司以處理垃圾起家，從處理家庭和企業的垃圾，擴大到機關、餐廳的垃圾處理，還承擔下水管道修理等業務。業務不斷發展，美玲公司又繼而向附加價值高的方向轉變，研製、開發各種環境衛生裝置，包括適用三萬人口城市用的垃圾處理機械，這

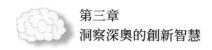

種機械能把垃圾處理到可燃燒的程度；還有廢物處理裝置，這些裝置，幾乎沒有單位研究，美玲公司的這種開發研究，不僅武裝了自己，使垃圾處理機械化、現代化，而且出售給其他單位，使營業額提高很快。15 年後，美玲公司資金增加了 150 倍，達到 1 億多日元，年營業額上升到 60 億日元，平均每年遞增 25%，美玲公司獲得的豐厚利潤，令大中企業刮目相看。

　　日本美玲公司「不爭」的狀態並非靜止不動，而是巧妙地利用這種「退」的方法，鑽了其他企業所未能注意和重視的「冷門」而發了大財。

　　所謂「冷門」，就是要敏銳觀察當代的新技術和市場的新需求，並盡快搶先上市，推出新產品來滿足這種需求。一種社會上急需的「冷門」，就猶如一片廣闊的新草地，誰先率先闖入，誰就可以有所作為。尤其對於小企業，更可從中得到啟發。

薄利多銷：賺取穩定利潤

有個農民人稱「花生米大王」，他經銷的花生米物美價廉，在當地頗有影響。這個 20 幾歲的個體戶農民，是從身背一口袋花生米闖進城中，逐漸發達起來的。這個農民賣了這袋花生米之後，發現這東西很好銷，但是賣花生米的人也不少。思來想去，他回去以自己最大的力量購了幾千斤花生，運回城裡之後，他又發現如果像別人那樣經營，他根本賠不起，因為一無店鋪二無資本。於是他把這幾千斤花生只比他收購價高出一點點就出手了。他覺得這種方式很不錯，雖然賺得少了一些，但轉得快，且總有些賺頭。於是他大膽購進 10 萬斤花生米，然後毅然將零售價從每斤 1.1 元降到 0.95 元。消息傳出後，群眾蜂擁前來購買，連一些大店鋪也爭相來他這裡進貨。從此，花生米價格也因此穩定下來。後來，他的花生米生意越做越大，終於形成了規模。

其實，薄利多銷這道理，人們很早就懂。司馬遷就說過：「貪買三之，廉買五之。」意思是說，貪小的商人要價太高，不能做到當賣則賣，當買則買，所以得利少；而「廉買」則不然，價格雖然低一點，但賣得多，銷路好，利雖

143

小，但賺的反而多。俗話說：「三分毛利吃飽飯，七分毛利餓死人。」意即薄利多銷反而能賺大錢；反之，一口想吃成個大胖子，往往導致生意蕭條，產品滯銷。

「薄利」和「賺錢少」是兩個概念，有不少人把「薄利」等同於「賺錢少」。其實這是一種誤解。看起來，你從一個顧客身上賺的錢很少。可是，正因為這一個「少」，才招來更多的顧客，從而積少成多，把從每一個顧客身上賺得很少的錢加起來，也就相當可觀了。因而利小也能賺大錢。

包裝的藝術，創造獲利機會

　　少年時代的葛芬（David Lawrence Geffen）是個窮光蛋，靠母親開小加工商店訂做內衣為生。因為環境的緣故，葛芬從小就對生意場上的事情有了相當了解。而且他立下志向，一定要依靠自己的智慧與冒險精神，赤手空拳做出一番事業來。

　　經過多年的奔波之後，葛芬認準了唱片業大有可圖，決心一試。但他沒有本錢，怎麼辦呢？

　　於是他便終日混跡於娛樂圈中，尋找突破口。一個偶然的機會，他認識了民歌手蘿拉・尼羅（Laura Nyro）。在此之前，蘿拉・尼羅的歌喉已頗受歡迎，但台風極差，出不了眾，上不了檯面，因此，她的歌唱事業並不如意。葛芬看準了這一弱點，決計加以利用。

　　於是，葛芬便主動邀請蘿拉・尼羅合作，共創鮪魚音樂公司。條件是這樣的：

　　蘿拉・尼羅的歌曲版權歸公司所有。

　　公司負責為蘿拉・尼羅包裝和推銷。

　　簽好合作協定之後，葛芬便玩起他的包裝手法來。他

將蘿拉‧尼羅的歌曲夾在諸如芭芭拉‧史翠珊（Barbra Joan Streisand）等當代大紅大紫的歌星的唱片中，製作後四處推銷，這樣，大大提高了蘿拉‧尼羅的身價。光這一手，葛芬便賺得了大錢。

1969年，葛芬決定將鮪魚音樂公司賣掉，得到現金450萬美元，他與蘿拉‧尼羅各得225萬美元。

有了本錢，葛芬便放開手腳大幹起來。一年後，葛芬自立門戶，成立了庇護所唱片公司，故技重施，在他的刻意包裝下，一批默默無聞的歌手成為歌星。

捧紅了幾批歌星之後，葛芬在1972年決定將公司賣給華納公司，作價700萬美元。之後，他離開了唱片界一段時間。

1980年，葛芬捲土重來，創辦了葛芬唱片公司。成立之後，唱片公司屢遇挫折。直到1990年，終於時來運轉，他手下的「槍與玫瑰（Guns N' Roses）」樂隊走紅，葛芬頓時身價百倍，成為一家獨立的大唱片公司。

人靠衣裳馬靠鞍。任何事物都需要富有創意的包裝。包裝得法，便可以化腐朽為神奇，創造奇蹟。葛芬從事歌星包裝業之所以能夠成功，原因是多方面的，但在操作策略上，主要有以下方面：其一，葛芬對消費者的需求十分熟悉。他能根據消費者的動向做出判斷，做出極富有創意的決策。其二，葛芬工作方法科學。他知道如何利用各種方法鼓勵員工

忠誠地為他服務。其三，葛芬能充分利用所在的環境。他能
適應好萊塢的生活、摸透了好萊塢的節奏，充分發揮了它的
價值。以上策略都是葛芬的獨到之處，值得那些沒有本錢卻
想發大財的人好好借鑑。

「換親」策略，善用連環計

　　委內瑞拉有個名叫圖德拉的工程師，他想做石油生意，雖然一無關係，二無資金，但他消息靈通，思路敏捷，行動果敢，這就使他掌握了「命運之舟」，有迂迴前進、駛向目的地的可能。

　　圖德拉先來到阿根廷，了解到那裡牛肉生產過剩，但石油製品較緊缺，他就和相關貿易公司洽談業務。

　　「我願意購買 2,000 萬美元的牛肉。」圖德拉說，「條件是，你們向我購進 2,000 萬美元的丁烷。」

　　因為圖德拉知道阿根廷正需要 2,000 萬美元的丁烷。所以正是投其所好，雙方的買賣意向很順利地確定了下來。

　　他接著又來到西班牙，對一個造船廠提出：「我願意向貴廠訂購一艘 2,000 萬美元的超級油輪。」

　　那家造船廠正為沒有人訂貨而發愁，當然非常歡迎。圖德拉又話頭一轉：「條件是，你們購買我 2,000 萬美元的阿根廷牛肉。」

　　牛肉是西班牙居民的日常消費品，況且阿根廷正是世界各地牛肉的主要供應基地，造船廠何樂而不為呢？於是雙方

簽訂了一項買賣意向書。

圖德拉又到中東地區找到一家石油公司提出：「我願購買 2,000 萬美元的丁烷。」

石油公司見有大筆生意可做，當然非常願意。圖德拉又話鋒一轉：「條件是你們的石油必須包租我在西班牙建造的超級油輪運輸。」在產地，石油價格是很低廉的，貴就貴在運輸費上，難也就難在找不到運輸工具，所以石油公司也滿口答應，彼此又簽訂了一份意向書。

三個意向書變成了一個行動，由於圖德拉的周旋，阿根廷、西班牙、中東國家都取得了自己需要的東西，又出售了自己急待銷售的產品，圖德拉也從中獲取了鉅額利潤。細細算起來，這項利潤實質上是以運輸費頂替了油輪的造價，三筆生意全部完成後，這艘油輪就歸他所有，有了油輪就可以大做石油生意，終於使他如願以償。

讀完上例，我們不能不為圖德拉的方案叫絕。兩家「換親」是空手道的常用招數，而三家「換親」，且又做得絲絲入扣，確實不易，圖德拉成功的祕訣在於他透澈地分析掌握了供需各方的情況和心理，從而牽線搭橋從中得利。

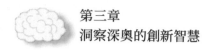

白手起家

美國瑪莎公司（Marks & Spencer）創始人米雪兒·馬格斯（Michael Marks），19歲時，為了謀生離開了飢寒交迫的家鄉，遷徙到英國。

里茲是英國北部的一個城市。當時，在英國工業革命的推動下，這裡的紡織工業和其他消費品工業蓬勃興起，大批勞動者從農村湧入城市，形成了廣大的消費市場，百貨零售業應運而生。從事百貨零售業，一不需要專門技術，二不需要太多的本錢。這種情況正適合米雪兒謀生的需要。

米雪兒渴望做一個百貨小商販，但是他連一點本錢都沒有。正在躊躇中，有一天，他漫步街頭，遇到了一家百貨批發公司的經理刁賀斯特，便走過去和他搭訕。那位經理看到這位陌生的年輕人很有趣，便帶他到公司去談話。米雪兒說，他很想找份工作，但是身無分文。經理說，可以借給他五英鎊作本錢，做百貨小販。米雪兒問，是否可以讓他用那五英鎊來購買公司的貨物。公司負責人欣然答應。

就這樣，米雪兒把從公司負責人那裡借來的五英鎊拿來做本錢，做肩挑小販，每天從那家批發公司進貨，批些針

線、鈕扣、帶子、襪子一類貨品,到里茲附近的農村、礦區和約克郡的峽谷裡去挨門挨戶叫賣。

1884 年,他在里茲露天市場開設了一個小攤子。就是在這裡,米雪兒很快地摸索出一套嶄新的經營手法。那就是:把貨物全都標價,並且把標價一便士的貨物放到一邊,掛出一個牌子,上面寫著:「不用問價錢,全部一便士。」米雪兒把商品陳列公開,明碼實價,挑選容易,這些做法,很快受到勞動階層廣大顧客的歡迎。雖然他的售價毛利極低,但是由於堅持薄利多銷原則,他的經營業務蒸蒸日上,很快地發展了起來。

到 1890 年,年輕的米雪兒已在五個城市開設了五家廉價貨攤。這五家貨攤,全都以「不用問價錢,全部一便士」同一個口號經營。此後的兩三年間,他的經營業務又有了新的發展,先後增設了幾家貨攤和商店。至 1907 年,瑪莎公司共擁有 60 家商店,遍布全英國。

本例米雪兒先生雖沒有運用空手道的技巧,但畢竟是靠白手起家的。其經驗頗值得借鑑。身無分文時請你千萬不要放棄發財的夢想,只要積極追求,時機總會是有的。

分期付款，從無到有

王某原是山區某小學的教師，不滿足於每月只有那可憐的 300 多元，一氣之下辭職棄教。他先是替一家老闆做家教，之後，又轉到一間工廠做鐘點工，賴以餬口。

他沒有正經八百的職業，但他有敢冒風險不怕一切的精神。

他沒有房地產方面的知識，也不知道房地產經營操作是怎麼回事，但他好奇，看到風起雲湧的房地產業熱火朝天，便天天翻閱各種報刊。

他沒有資本，一點本錢也沒有，但他有敏銳的眼光和靈活的頭腦。透過讀報看書，他馬上連繫到自己打工時碰到的一個事：工廠老闆打算獨資在郊區創辦一家投資 5 億元的加工廠。L 某立刻意識到這大有賺頭。憑著自己的直覺，他馬上到市郊溜了幾圈，發現那裡的民房都是平房，而且破爛不堪，房主早已無意居住，但一時賣不出去。

於是，王某四處出擊，從各方面打聽情況，證實了老闆投資辦廠的意圖之後，便快馬加鞭來到郊區，找到了民房住戶，商談購房事宜。

　　當時，這民房住戶並不知道這裡要拆遷建廠，而只求盡快將房子賣出去，換些銀錢，好搬遷異地。L 某便與房主幾番討價還價，最後以每平方公尺 200 元的價錢，簽訂了房屋賣買合約，而且他又以打工賺錢不易為由，請求分期付款，第一筆款先付 40％，兩個月後交付。平房住戶不太情願，但看到 L 某情真意切的樣子，又擔心以後賣不掉，便答應下來。這樣，L 某分文未付，得到了房子的所有權。

　　果然不出所料，兩個月後，老闆向市政府申請辦廠徵地，那市郊平房正在徵地範圍之內，需要悉數拆遷。L 某便將房子賣給了老闆，轉手之間，賺得 20 萬元，除了付給原主 5 萬元外，淨賺了 15 萬元。

　　房地產以其高利潤、低風險成為近些年頗具吸引力的產業之一，尤其是在經濟發展迅速的國家，更是值得投資者關注。但是經營房地產需要鉅額的資金，且回收成本較慢。所以，怎樣以少賺多呢？L 某選擇了分期付款。就這樣轉手一賣，淨賺了 15 萬元。

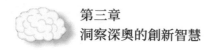
南貨北販，差價經營

有位農民章某，幾年前來到首都打工。有一天，他與幾個鄉親去逛街，路經一個瓜果市場。他們準備買一點水果吃，可那些水果昂貴的價格都令他們這群打工族望而卻步。

忽然，他一眼瞥到一堆棗，那正是家鄉的大棗。何不買一點來吃呢？那在家鄉相當便宜，才 3 塊 5 一斤。於是，他問了一下價格，結果令他大吃一驚。20 塊錢一斤！

「這麼貴啊，你們的心也太狠了吧！」身邊的一位同鄉說。

說者無意，聽者有心。章某想，這大棗的兩地差價這麼大，這當中該有多少利潤可賺啊！不久，他就返回家鄉，買了兩噸大棗，搭了一輛開往首都的貨車。他來到東城區的一家批發市場，把大棗以 15 元一斤的價格批發給小販們。不到一天的功夫，大棗被搶購一空。章某第一次嘗到了發財的甜頭。

他並不以此為滿足，又開始跑下一趟。短短一年多時間，他已腰纏數十萬了。路也跑熟了，他不僅經營大棗，還開始經營另外一些家鄉特產。善於把握機會，打工的也變成了大富翁。

無獨有偶。

武某是一大城市的食品廠的工人，廠裡效益非常不好，薪水經常打折扣。一次，他應遠在 W 市的表姐夫的邀請，到他家去玩。來 W 市後，表姐夫陪著他逛街。這裡商店林立，百貨齊全，一點也不遜色於大城市的商業區。不知不覺地，他走到一個賣服裝的個體小攤前，挑選起衣服來。

他驚訝地發現，這裡的衣服都相當便宜。他看了一下手裡拿著的西裝短褲，竟然只要 90 元，真是不可思議 —— 像這樣的短褲，就是在大城市的小攤上得賣到兩三百元呢！

當他詢問表姐夫時，表姐夫對他笑了笑，說：「這還不算便宜，要到那些鄉鎮小廠去批發，至少還能再便宜 25 塊錢！」

表姐夫的話說得他怦然心動。如果把這些服裝運到大城市去賣，得賺多少錢啊！看來要想發財致富，還得靠經商，憑自己的那點微薄薪水，只能餬口，怎麼能富起來呀！於是，他向表姐夫借了一筆錢，買了幾箱新潮的衣服，立即返回大城市。

回來後，他把衣服託給一個開服裝店的朋友，託他按較低於市場的價格銷售。結果，十多天內，衣服就賣完了。從此，他辭去工廠的職務正式做起了服裝生意。幾年下來，他已完全脫貧致富，成了老闆了。

資源再利用，從廢物中尋找寶藏

在某一時期，一般農戶對鐮刀、鋤頭等最基本生產工具的需求大增，導致生產這類農具的原料——毛鐵和鋼板供不應求，在一些地方甚至完全缺貨。與此同時，在一些大工廠的圍牆裡，堆著大量邊角料和廢鐵板，如何處置這些「廢物」成了廠長們的一塊心病。

在這種情況下，一位「鋼鐵大王」應運而生了。

所謂「鋼鐵大王」，也並沒有什麼特殊之處，只不過是一個稍微有點教養的人，然而他的頭腦十分靈活，這是最重要的。

有一天，他到同學那裡喝茶聊天，偶爾說起毛鐵缺貨以及城裡一些工廠的邊角料怎麼比毛鐵還好的事，他就想起了自己的一位姑父在 H 城一家船廠裡工作，心中徒然一亮。第二天一大早，他口袋裡裝著 80 塊錢的全部資本直奔 H 城，找到了在造船廠當科長的姑父，又透過姑父找到了廠長。富有人情味的廠長一聽說需要他們廠的廢鋼鐵，便把大腿一拍，二話不說，便吩咐派輛卡車送去。這一趟他是無本萬利，淨賺了 1 千多元。看到了那沉甸甸的票子，嚇得他不敢往家裡拿。

　　幾天後，他就買了禮品去 H 城，還拉著那位同學，一起登門致謝，並同廠方訂立了長期協定：所有廢棄的邊角料都被他們以極低的價格包銷，一包就是 3 年。

　　之後，「鋼鐵大王」更是如魚得水，嘗到了更大的甜頭。貨源有的是：造船廠的拉光了，被介紹到機械廠、工具機廠；H 城的拉光了，又被介紹到 N 城、S 城……市場更是不成問題：本地市場飽和了，便銷到外地……開始是用汽車運，後來就鳥槍換炮，改用火車皮裝。

　　他的生意越做越大，人緣越混越好，財路也越來越寬。等到別人也明白過來，一哄而上時，他已經金盆洗手，另謀別的財路去了。

　　在現實生活中，我們會經常看到這樣一些現象：鋼鐵廠在生產中軋下來的邊角料和廢鋼鐵像垃圾一樣堆成了山；紡織廠裡的廢棉紗堆在那裡無人問津；襯衫廠裁剪下來的零料似乎也不引起人們的興趣，而被打入冷宮……，凡此種種，在一般人看來都認為是再正常不過了，然而，在「鋼鐵大王」眼中，這些「廢物」卻是難得的寶貝，他們能像變戲法一樣，化腐朽為神奇，點石成金。

第四章

探索靈活的創新方法

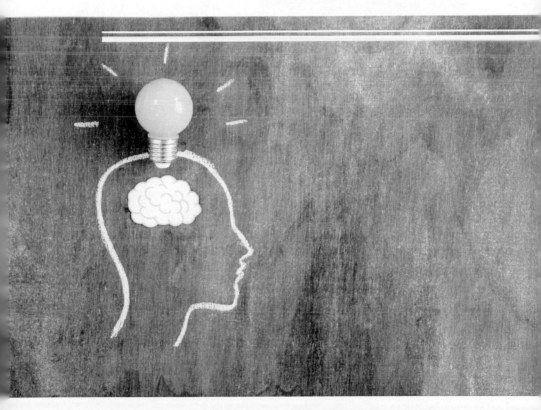

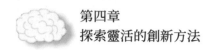

靜坐冥想提升智慧

學習的心理障礙是緊張。緊張使人六神無主，心慌意亂，造成遺忘，思維顛三倒四。緊張使人愚鈍，放鬆使人聰慧。中醫理論認為，很多疾病是由於血脈不通造成的，緊則僵，鬆則通。體育比賽、藝術教育都注重心理放鬆的訓練。健腦學習法要求大腦處於放鬆狀態，凡練過此項技術的人，都感到頭腦清醒，耳聰目明。怎樣使大腦處於放鬆狀態？源遠流長的東方文化啟示我們，可以訓練實施健腦靜坐。

印度教育部正式宣布，在 300 多所中央小學開設瑜珈課，由政府派有經驗的瑜珈老師任教。

近幾年，在國外興起一種獨特的開發人體智慧的方法，謂之「超覺靜坐」。其方法是按一定要求閉目凝神靜坐，逐步達到入靜，使人由興奮思維狀態轉為平靜進而達到超覺狀態，即「入定」或「忘我」狀態，精力充沛，心平氣和，記憶增加。由於超覺靜坐具有健腦益智功效，在世界上已廣泛流行。據統計，目前世界上已有 100 多個國家正在推行這項健腦術，有幾百萬人正在實踐它，還有不計其數的自然科學和社會科學家從事這項研究。

　　日本川煙愛義博士花了半個世紀的歲月研究和實踐健腦方法，在國際上享有盛譽。他的重要方法之一，就是「三分鐘超覺靜思」，僅僅用上三分鐘的時間，就能使人精神煥發。他認為，超覺靜思使人精神集中，是控制意識的鑰匙，他還舉出眾多事例說明，超覺靜坐是傑出人才的精神支柱。

　　一代學者郭沫若在詩歌、戲劇、歷史、古文字、書法等諸多領域都卓有成就。他生前非常注重「靜坐養身」。年輕時，他在日本留學，因用腦過度，患了嚴重的神經衰弱，心悸、頭痛、失眠，每夜只能睡三四個小時，記憶力很差，苦惱中幾乎自殺。後來，他開始習練靜坐，早晚半個小時，不久，奇蹟出現了，他的超人記憶力又回來了。

　　國內外的研究和成功學者的事例，引發我們思考：怎樣走上聰慧之路？一要讀書，二要實踐。還有沒有第三條途徑？東方傳統文化告訴我們：「定能生慧」，這是先哲給後人的啟迪：除「聞慧」、「思慧」外，還有「修慧」。這「修慧」指明了一種學習方法、一種思考方式，即一種科學用腦、開發潛能的方式。對「修慧」的規律應進行深入研討。

　　腦力活動必須有充沛的精力、清醒的頭腦，這樣才能有敏捷的思維。這就應了解腦活動的規律。腦電波測試說明，人處於鬆弛狀態下，腦電波穩定而有節律，學習效率高。在腦力活動前與活動中，透過一定方式誘發這樣的腦電波，自

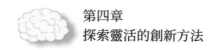

然能夠提升用腦效率。可以透過靜坐來實現這一點。人的活動可分為三種狀態：清醒狀態、睡眠狀態和入靜狀態。這好比清醒狀態有如微波蕩漾的湖面；睡眠狀態好像結成薄冰的湖面；入靜狀態恰似乎靜的湖面。入靜狀態是臨界狀態，好多事物的臨界狀態都是微妙的，蘊藏著潛能。人腦的活動，不外乎對訊息的貯存和加工。「平靜的湖面」呈現高靈敏度，適於對訊息的捕捉、貯存、運用、加工，優於「微波蕩漾的湖面」，即入靜狀態優於清醒狀態。因此，古人提倡的「定能生慧」。定就是入靜。「知止而後有定，定而後能靜，靜而後能安，安而後能慮，慮而後能得」，這「止、定、靜、安、慮、得」，揭示的就是開慧過程吧！

　　以「鬆、靜、自然」為法則，習練靜的學生普遍感到精力充沛，身心愉快，睡眠好。學生們說：「每天早上靜坐之後，都有一種頭腦清醒冷靜的感覺，上課精力比以前集中了。」最突出的感覺是精力充沛，每天晚上做功課，再也不犯睏了。」「靜坐後，覺得心情舒暢，脾氣也比平時好多了。」「遇到問題不急躁，煩惱少多了。考試前的緊張情緒也有所減輕，解題時頭腦靈活。」從數量統計上可以明顯地看出效果：靜坐後感到精力充沛的占50％，感到身心愉快的占31％，感到睡眠好的占23％。實驗證明，靜坐是健腦增智的有效途徑。

　　靜坐應超前進行：上課前、做作業前、睡覺前、考試前。在腦力活動前，透過靜坐，誘發大腦進入最佳狀態，睡覺前靜坐，有安神作用，有助於睡眠。靜坐時間可長可短，短可三五分鐘，長以半小時左右為好。人們每天完全有條件抽出這樣長的時間練習。據報載，臺灣江翠國中實施「坐禪教育法」。該校每個班在上課前先用五分鐘坐禪，讓學生靜坐閉目收心，集中注意力。老師則複習一下上一堂課概要，揭示一下將要講授課程的提綱，然後再正式上課。剛開始，不少學生誤認為坐禪是宗教活動，感到不適應甚至排斥，但是一個學期下來，學生們大都習以為常，並且從中受益，不但學業大大進步了，而且普遍提升了品德修養，能心平氣和地接受教師的教育。

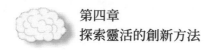
探索潛能的無限可能

在拿破崙·希爾（Oliver Napoleon Hill）的成功學看來，潛能存在於每一個人，它可以內部沒日沒夜地工作，以一種不為人知的程式利用著你無窮無盡的智慧力量，這種力量能夠把你的欲望轉化成你的物質等同物。

別讓潛能白白浪費

PMA 心態（積極的心態）會使人心想事成，走向成功的原因，是由於每個人都有無窮的潛能等待開發。

NMA 心態（消極的心態）會使人怯弱無能，走向失敗的原因，是由於它使人放棄了偉大潛能的開發，讓潛能在那裡沉睡，白白浪費。

沒有人不渴望成功，然而成功並非上天賦予的，成功的根本原因是開發了人的巨大無比的潛能，只要你抱著積極心態去開發你的潛能，你就會有用不完的能量，你的能力就會越用越強。與此相反，倘若你抱著消極心態，不去開發自己的潛能，那你只有眼看別人成功，自嘆命運不公，並且愈加消極愈加無能！

著名發明家愛迪生曾經說：「如果我們做出所有我們能做的事情，它肯定會使我們自己大吃一驚。」

從這句話中，能夠提出一個相當科學的問題：「你一生有沒有使自己驚奇過？」拿破崙‧希爾曾閱讀到一件極富戲劇性的事，說的是戰爭期間一名海軍水手的故事。這位頭腦清楚、條理分明的人使得他身邊的人都感到驚奇。

故事發生在二次大戰期間，在某國的港灣停泊著一艘美國驅逐艦，那夜皓月當空，一片寧靜。一名水手按例巡視全艦時突然停步，他看到一個烏黑的大東西在不遠的水面上浮動著。

他驚駭地看出那是一枚觸發水雷，也許是從一處雷區脫離出來的，正隨著退潮慢慢向著艦身中央漂來。

水手馬上抓起艦內電話，通知了值日官。值日官馬上快步跑來。他們又很快通知了艦長，並且發出全艦戒備的信號。

全艦的官兵都來到了甲板上，驚恐地注視著那枚慢慢漂近的水雷，大家都了解眼前的狀況，災難即將來臨。

軍官馬上提出各種對策。他們該起錨走嗎？不行，時間來不及了。發動引擎使水雷漂離開？不行，由於螺旋槳轉動只會讓水雷更快地漂向艦身。以槍炮引爆水雷？也不可以，因為那枚正在漂近的水雷太接近艦裡面的彈藥庫。

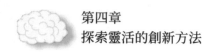
　　那麼該怎麼辦呢？放下一艘小艇，用一枝長桿把水雷捅開？這也行不通，因為那是一枚觸發水雷，再者說他們也沒有時間去拆下水雷的雷管。

　　悲劇似乎是沒有辦法避免了。

　　突然，那名水手想出了比任何軍官所能想出的更好的辦法。

　　他大喊著：「把消防水管拿來。」大家馬上明白，這個辦法有道理。

　　他們便向艦艇和水雷之間的海上噴水，以製造一條人工水流，使水雷順著水流漂向遠方，然後再用艦炮引爆水雷。

　　這位水手真是偉大。然而他卻只是個普通人。不過他卻具有在危機狀況下冷靜而正確思考的能力，有著非凡的思維。

　　可見，我們每一個人的身體內部都有這種天賦的能力，也就是說，我們每一個人都有創造的潛能。

　　不管你的境況發生了多麼糟糕的變故，只要你相信你行，象就能夠扭轉了不利的局面。對你的能力抱著肯定的想法就能發揮出積極心智的力量，並因而產生有效的對策。

　　你是否聽過關於一隻鷹自以為是雞的寓言？

　　寓言說，一天，一個愛好冒險的男孩爬到父親養雞場附近的一座山上，發現了一個鷹巢。他從巢裡拿了一隻鷹蛋，

帶回養雞場，把鷹蛋和雞蛋混在一起，讓一隻母雞來孵。孵出來的小雞群裡有一個小鷹。小鷹和小雞一起長大，所以不知道自己除了是小雞外還會是什麼。起初牠很滿足，過著和雞一樣的生活。

但是，當牠慢慢長大的時候，牠的內心裡就有了一種不平常的感覺。

牠總是想：「為什麼我長得與其他的夥伴不一樣？食量也比牠們大好多？我一定不只是一隻雞！」儘管牠有這樣的想法，但牠從來沒有採取任何行動。

直到有一天，一隻蒼勁的老鷹翱翔在養雞場的上空，小鷹感覺到自己的雙翼有一股奇特的力量，感覺胸膛裡的心臟正在猛烈地跳著。

牠抬頭看著老鷹的時候，一種想法出現在心中：「養雞場不是我真正的棲息之地。我要飛上青天，棲息在山岩之上。」

牠從來沒有飛過，然而牠的內心裡有著無窮的力量和天性。牠展開了雙翅，飛升到一座矮山的頂上。極為興奮之下，牠再飛到更高的山頂上，最後衝上了青天，到了高山的頂峰。終於，牠發現了偉大的自己。

對此，也許有人並不以為然，他們會說：「寓言歸寓言，我還是我，我不是什麼鷹，我只是一個不能再普通的

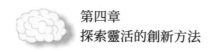
人，我從來沒有期望過自己會像鷹那樣做出了不起的事來。」

或許這正是問題的所在 —— 你從來沒有期望過自己能夠做出什麼了不起的事來。這是事實，而且這是嚴酷的事實，即我們只能把自己釘在我們自我期望的範圍以內。

然而人體內確實具有比表現出來的更多的才氣，更多的能力，更有效的機能。拿破崙·希爾從報上看到過一個故事，不僅有趣，而且有意義。故事是這樣的：

一位農夫在穀倉前面注視著一輛輕型卡車快速地開過他的土地。坐在駕駛室裡的是他年僅 14 歲的小兒子，由於年齡過小，還沒有考取駕照的資格，然而這個孩子卻對汽車很著迷 —— 而且似乎已經能夠操縱一輛汽車，所以農夫就同意他在農場裡開這輛客貨兩用車，然而拒絕他在外面的路上開。

但是突然間，農夫眼看著汽車翻到水溝裡去了。

他驚慌失措，急忙跑到出事地點。他看到溝裡有水，而他的兒子被壓在卡車下面，躺在那裡，只有頭的一部分露出水面。

農夫並不高大，頂多有 170 公分高，140 磅重，然而他毫不遲疑，縱身跳進水溝，用雙手把卡車抬高了起來，足以讓另一位跑來援助的工人把失去知覺的孩子從下面拖出來。

當地的醫生聞訊立刻趕了過來，幫這個男孩做了全身檢

查，確定沒有傷及內臟，只有一點皮肉傷需要治療。

這個時候，農夫卻開始覺得奇怪了起來，剛才他去抬卡車的時候根本沒有停下來想一想自己是否抬得動。由於好奇，他就再試一次，結果根本就動不了那輛卡車。

醫生從醫學角度解釋說這是由於身體機能對緊急狀況產生的反應時，腎上腺就大量分泌出激素，傳到整個身體，產生出額外的能量所致。

要分泌出那麼多腎上腺激素，首先當然得有那麼多存在腺體裡面。如果裡面沒有，無論什麼危急情況都無法讓它分泌出來。一個人通常都存有極大的潛在體力。

這個事件還告訴我們另一項更重要的事實，農夫在危急情況下產生了一股超常的力量，並不光是肉體反應所致，它還涉及到心智和精神的力量。

看到自己的兒子被壓在卡車下有生命危險，農夫唯一的想法就是抬起卡車救出兒子。這可以說是精神上的腎上腺引發出潛在的力量。而如果情況需要更大的體力，心智狀態就能夠產生出更大的力量。

有一句老話說：「在命運向你擲來一把刀的時候，你能抓住它的兩個地方：刀口或刀柄。」如果你抓住刀口，它會割傷你，甚至威脅你的生命；然而如果你抓住刀柄，你就可以用它來開啟一條道。

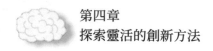

　　因此當遭遇到障礙的時候，你要抓住它的柄。也就是說，讓挑戰提升你的戰鬥精神。你沒有充足的戰鬥精神，你就不可能有任何的成就。

　　發揮你的戰鬥精神，讓這種戰鬥精神挖掘出你內部的潛能，並最終將它付諸行動。

潛能釋放練習法

　　根據拿破崙‧希爾的成功學理論，每個人都對他人具有強大的感染和影響力，就是說每一個的真正自我都是有磁性的。

　　我們通常說某個人「個性很有魅力」，實際上是指他沒有壓抑自我的創造性和具有表現自己的勇氣。「不良個性」也可稱為「被壓抑個性」裡對個人潛能的一種壓抑，其特徵是不能表現內在的創造性自我，所以顯得停滯、退縮、呆板、束縛。

　　那種受壓抑的個性約束真正的自我表現，讓個體總有理由拒絕表現自己、害怕成為自己，把真正的自我緊鎖在內心深處，並大量地消耗著心理能量。軀體長期處於無力狀態，思維自然也就毫無變化，陷於停頓的狀態。

　　羞怯、覷觎忌妒、過度的愧疚感、失眠、神經過敏、脾氣暴躁、無法與別人相處等等這些都是壓抑的症狀表現。

　　我們都很清楚，每個人自身都蘊藏著巨大的潛能，只是

未被激發或受到壓抑。倘若你對否定回饋或批評反應過了頭，則可能偏離正軌，使前進受阻。

如果你見了生人就臉紅，如果你害怕面對陌生環境，如果經常覺得不適應和擔憂、焦慮和神經過敏，如果你感覺緊張、有自我意識感，如果你有類似面部抽搐、無謂的眨眼、顫抖、難以入眠等「緊張症狀」，倘若你畏縮不前、甘居下游，那麼，你所受到的壓抑就一定很重。或許，你對事情過於謹慎和「考慮」過多，限制了你的個性的發揮和表現。

如果你是因為潛能受壓抑而遭到不幸和失敗，你就必須有意識地練習解除抑制的辦法，讓生活中的你不那麼拘謹，不那麼擔心，不那麼過於認真。

你應該學會在思考前講話，戒除行動之前「過於仔細」的思考。

釋放潛能練習之一：

1. 不要在說話之前考慮前因後果可能產生的後果，要想說什麼就說什麼。

2. 不要做計畫，即不要考慮明天，不要在行動前考慮。

「行動 —— 在行動中糾正你的行為」，這個模式看來有些偏頗，但其實它符合機制開動的原則。一枚魚雷絕不會先「考慮好」它的方向和目標是否錯誤，也不事先試圖糾正錯誤，它必須首先行動 —— 向目標行動 —— 接著在行進過程

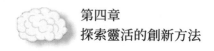
中糾正可能產生的一切偏差。

3. 不可以批評自己。

潛能受壓抑的人經常沉溺在自我批評中，無論做出多麼簡單的舉動，事後他都會對自己說：「我真不該那樣做啊！」

心理學家告誡每一位受壓抑的人再也不要這樣折磨自己，因為有意識的自我批評、自我分析和反省雖然不可或缺，但是作為一種經常不斷的、每日每時都進行的自我猜測或者對過去行為的無休止的剖析，你行為失常，最後不可避免地遭受失敗。

要注意這一類的自我批評和自我責備，要讓它們立即停止下來。

4. 你應該養成大聲說話的習慣。

受壓抑的人說話聲音明顯細小，充分表現了說話者信心的缺乏。

大聲說話並不是說要向別人大聲喊叫或使用憤怒的聲調，只要有意識地使聲音比平時稍大就行。大聲談話本身就是解除壓抑的有效方法，它能夠多調動起全身 15% 的力量，與壓抑狀況相比，讓人能舉起更大的重量。科學實驗對此的解釋是——大聲叫喊能解除你的壓抑——調動你的全部潛能，包括那些受到阻礙和壓抑的潛能。

5. 你應該直接表露你的喜怒哀樂。

受壓抑的個性既害怕表現不好的情感，也害怕表現好的情感。

如果追求心愛的人會擔心對方說他自作多情；如果表示友好，又怕別家說他拍馬屁；如果稱讚某人，又怕人家懷疑他另有企圖。

對於你來說，正確的做法應當完全不必考慮這些否定的回饋信號，你不妨每天至少誇獎 3 個人，如果喜歡某人做的事、穿的衣服或說的話，你就讓他知道。

釋放潛能練習之二：

我們在這裡為你介紹一種非常有效的循序式肌肉放鬆法，來使你釋放壓抑的潛能：

這種肌肉放鬆並不很難，你只要根據下面的要點練習大約一星期，就可以掌握到放鬆的要訣。

1. 安排 30 分鐘時間。

2. 安排一個寧靜、最好是黑暗的房間，房間內要有一張舒適的床或沙發。

3. 換一身肥大寬鬆的衣服，或將自己的緊身衣褲解開，然後睡或躺在床上或沙發上。

4. 深呼吸 3 次。每一次吸氣之後，盡可能憋氣，並全身緊張，然後握緊拳頭，這一過程是讓你體會到緊張的感覺。

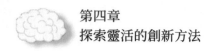

直到憋不住時，再將氣緩緩吐出，盡力讓自己有「如釋重負」的感覺，這第二個過程是讓你體會到放鬆的感覺。

5. 盡量體會緊張的不適感與鬆弛的舒適感差異，以感受鬆弛的好處。

6. 向身體各部位逐一釋出「鬆弛的自我催眠命令」。

這些部位依次是：手指及手掌。前臂、手臂、頭皮、前額、眼、耳、口、鼻、下顎、頸、脖、背、前胸、後腰、肚、臀、肋骨以及生殖器、大腿、膝、小腿、腳及腳趾。

你按照這些部位的次序，釋出以下的指令：「放……鬆……鬆……弛……我現在感到非常舒暢……我（部位）現在是非常的鬆……弛，我明顯地感覺這部位有一種沉重而舒服的感覺。」

7. 在進行第 6 步的同時，你要盡量體驗全身鬆弛的感覺。

8. 完成手指到腳趾的鬆弛過程，想像一股暖流，由頭頂緩緩地流過你的脖子、胸、肛、腿，以及腳尖。暖流的穿過，會大大地加深你全身的鬆弛程度。

9. 靜靜地躺在床上或沙發上，盡情享受這一不容易得的鬆弛，充分體會這一狀態的美好。

10. 除了第 9 步沒有時間限制之外，前面由手至腳整個逐步放鬆的過程需時大約 6 至 7 分鐘。倘若你在不到 6 分鐘的

時間內完成，那說明你還未能達到鬆弛的狀態。

這種練習法的要點在於：

（1）假如前面 1 和 2 的環境不允許，你可以靈活變通一下，只要確保在練習期間不被外界干擾即可；

（2）之所以安排半小時的時間去做一個 7 分鐘左右的程序，是為了保證你不為時間所限而盡量放鬆。

有一位工程師堅持練習這一放鬆術，矯正了嚴重的語言障礙，其邏輯思維和工作才幹獲得了驚人的發展，他溫和待人的態度和冷靜的處世方法，也得到周圍人的讚賞。

釋放潛能練習之三：

富蘭克林（Benjamin Franklin）、貝多芬（Ludwig van Bee-thoven）、達文西（Leonardo Da Vinci）、愛因斯坦（Albert Ein-stein）、伽利略（Galileo Galilei）、羅素（Bertrand Russell）、蕭伯納（George Bernard Shaw）等等世界文明史上的偉大人物，大都是勇於探索未知的先驅者。

實際上，他們在許多方面與普通的人一樣平常，唯一區別只不過是他們勇於走常人不敢走的路罷了。

文藝復興時期的施魏策爾（Johan Frederik Schweitzer）曾經說過：「人類的一切都不會使我感到陌生。」

只要你對自己充滿信心，勇於堅持不懈地去行動，那麼，你做任何事情都能獲得成功。

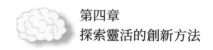

假如你勇於探索那些陌生的領域，便有可能切身體驗到人世間的各種樂趣。想想那些被稱為「天才」的人，那些在生活中頗有作為的成功者，他們並不單單是某方面的專家，其實，他們也是克服困難的堅強戰士。

你應該用新的眼光重新審視自己，開啟心靈的窗戶，進行那些自己一向認為力所不能及的活動；不然，你就只會以同樣而固定的方式重複進行同樣的活動，直到生命終結。

偉人的偉大之處，總是展現在他們探索的品格和探索未知的勇氣上。

要積極嘗試新事物，就必須得摒棄一些會對自己個性造成壓抑的觀點，比如：

改變現狀不如苟且偷生，因為改變就意味著重頭再來，而萬事開頭難啊；認為自己不夠堅強，經不起挫折；倘若涉足於完全陌生的領域，會碰得頭破血流等。

這顯然是懦夫觀點。

其實，不斷為生活注入新的活力，變換一種生活方式或氛圍，你會感覺到精神愉悅和充實；相反，厭倦生活則會削弱意志並產生消極的心理影響。一旦失去了對生活的興趣，就可能導致精神崩潰。但是，如果在生活中努力探索未知，堅持堅定必勝的信念，那麼你的心理一定會更加健康而強大。

　　而且，人們還常常抱有這樣一種心理意識，他們往往說：「這種事我從未聽說（或遇見）過我還是敬而遠之的好。」

　　這種心理狀態讓人不能面對挑戰，不能去積極嘗試新的經歷，因此你必須堅決摒除這種心理。

　　「做任何事情一定要有某種理由，否則做它又有什麼意義呢？」這也是不少人不能嘗試未知的一種習慣心理。實際上，只要你願意，你能夠去做一切事情，而不必一定要有理由。

　　對理由的「熱衷」會阻礙你的個性的成長發展，長期克制並壓抑個性，將讓你的潛能無法發揮。所以，在某種程度上，你可以想做什麼就做什麼，其原因僅僅是你願意這樣做，這種思維方式將為你拓展生活的新天地，並最終引導你走向事業的成功。

　　釋放潛能練習之四：這一練習的目的是要讓你尋找人生的安全感。

　　安全感意味著知道將要發生的危險，並能避免對個體的威脅。但安全感也很容易使人處於缺乏勇氣、缺乏探索精神而一味追求安逸的境地。

　　安全感可以指外界的各方面的保障，比如金錢、房產和汽車等物質財富，也可指工作或社會地位等生活保障。然

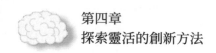

而，世界上也存在著另一種值得追求的安全感，這就是內心的安全感。

內心安全感，即指相信自己能夠處理一切事情，對未來抱有信心和希望的安全感。這是唯一持久的安全感，也是真正的安全感。財物終歸會耗盡，名聲隨毀譽而沉浮，唯有自我可以依賴。

你應該相信自己內在有力量，不妨將財產、工作或社會地位只視為生活中令人愉快但可或缺的附屬物。

你可以做一次如下設想：

你正在看這本書，突然撲過來幾個人，不由分說脫下了你所有的衣物，把你扔到直升飛機上。直升飛機把赤身裸體的你運到索馬利亞內地，留在一片荒原上。你既沒有預先得到警告，也沒有帶一丁點錢財，除你自己之外，一無所有。你將面臨語言、風俗習慣、氣候適應等困難，而你的全部財產僅僅是你自己。在這種情況下，是要設法生存下去，還是呆坐原地愁困而死？是結交新朋友，找到吃的住的，還是躺在那哀嘆自己多麼不幸？倘若你依賴的是外部安全感，你將沒辦法生存下去，因為你的所有財物都已被剝奪。但是，如果你內心堅強，毫不畏懼，那你就會活下來。

由此可知，我們可以將安全感定義為：了解自己能夠 應付各種局面 —— 包括沒有任何外界安全條件的局面。

　　一些勇於冒險和探索未知的人，他們並不是事事都預先訂好計畫，卻可能事事走在前面，因為他們追求的是內心的安全感，這種安全感讓他們勇於破解未知，從而使得自己不斷發展，有所作為。

　　潛能練習之五：這一練習法的目的是要你學會暗示的訣竅。

　　釋放人性潛能的重要方法之一就是暗示。暗示會產生強烈的心理定勢，並導致潛在動機產生行為。積極的帶有成功意識的暗示會讓你較少利用意志力，從而在自發理念中的指引下實現自己的目標。

　　然而，在學習自我暗示時，你必須牢記以下 6 大原則：

- ◆ 簡潔。你默唸的句子要簡明扼要且幹勁十足。例如：「我越來越富有」、「我賺了越來越多的錢」等等。

- ◆ 積極。這一點極為關鍵。如果你說「我不要變窮」，雖未言「窮」，然而這種消極的語言會將「變窮」的觀念深印在你的潛意識裡。所以，你應該正面地說：「我越來越富有」。

- ◆ 信念。必須以事實為依據，否則會與心理產生矛盾與抗拒。如果你覺得「我會在今年內賺到 100 萬」是不可實現的話，選擇一個你能夠接受的數目，例如：「我今年內會賺到 60 萬元（或 20 萬元）。」

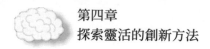
- 想像。當你默誦或朗誦自己定下的語句時，要在腦海裡清晰地形成意象。正如《人格與心理》一書中所說：「你永遠會貧窮，除非你能夠在腦海中見到自己富有的模樣。」

- 充滿感情地想像自己成功時的情景，豐富自己的感受。拿破崙‧希爾指出：「當你朗誦或默誦你的套句時……要把感情貫注進去……不然光嘴裡唸是不會有結果的，你的潛意識是依靠思想和感受的協調去動作的。」

- 健康。這包括心理和生理的健康。你的語言、行動或者是想像要給予人精神煥發、活力十足的感覺。

創新就是靈感的來源

潛意識猶如大海一樣，匯集了你心中一切思想感情的涓涓細流，容納了各種心態觀念的山川江河，它是形成你一切思維意識的泉源。

偉大的潛意識

意識，即人的較明顯的認知世界的大腦心智活動；而所謂潛意識，就是那些隱藏的、不露在表面的大腦認知、思維等心智活動。

眾所周知，著名的精神分析學家佛洛伊德（Sigmund Freud）第一個用海上冰山來詮釋了兩種心智活動狀態。他認為，浮在海平面能夠看得見的一角，是意識；而隱藏在海平面以下，看不見的更巨大的冰山主體即潛意識，而潛意識則更是人類精神活動的最為主要的部分。不僅於此，他還把這個廣大的潛意識中的推動力確定為是人的性慾衝動。因此，這種潛意識中心的性慾衝動就成了，整個人類文明的因果。

拋開其理論極端的泛濫主義不說，但無論如何，他最起碼看到了這個廣大的潛意識在人類精神活動中的關鍵性。

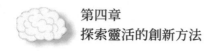
一般來說，從功能上講，潛意識具有以下特點：

第一，儲蓄記憶。

潛意識猶如一個巨大無比的倉庫或銀行，能夠儲存人生所有的認知和思想感情。

人一生中的所見所聞、所感所想等所有意識到的東西，都會進入潛意識並儲存起來。一些不陌生的事物，如生活環境中的習俗、觀念、人物景象、他人的某些思維習慣和行為特點等等，往往不經過明顯的意識記憶，不自覺地直接進入人的潛意識，並儲存起來。然後，潛意識吸收和回饋的結果便是「近朱者赤，近墨者黑」。

第二，自動排列組合並分類。

潛意識可以把儲蓄進來的紛繁雜亂的東西按照程式自動進行分類排列組合，以隨時應付各種需求。

人們做夢，就是潛意識的一種自動排列組合的反應。

在我們思考或想像某一問題時，就會喚醒與此問題相關的潛意識，並將其上升到意識中來為思考或想像服務。而與思考問題無關的潛意識，一般情況下不會被喚醒，它老老實實在那裡埋藏著。大腦功能紊亂的「神經病」，就是潛意識排列組合混亂無序造成的。

第三，具有「密碼」性和「模糊」性。「密碼」是用來比喻的權宜之辭，也就是潛意識的喚起，應有特定的情景或

特定的意識指令才行。「模糊」指存入大腦的潛意識已經變成了我們沒辦法理解的模糊的「程式碼」，只有透過意識的重新「翻譯」，才能清晰起來。

此過程可謂神速，幾乎不被察覺。

當我們要思考回想某件事的時候，比如我們想回憶少年時代一件成功的往事，我們就給潛意識下了一個特定的指令，這樣，這方面的潛意識馬上便會被喚起，並經過意識的「翻譯」，而栩栩如生地重現出來。

當我們在某種特定情景的刺激下，一些相對應的潛意識有時會自動地重現出來。比如你看到電視節目中的英雄救美場面，你的潛意識中的某些相關的記憶有可能就閃現在腦螢幕上，與電視節目中的場面交相輝映在你的大腦意識裡，非常好看。這是潛意識的快速「密碼」喚起和快速意識翻譯的表現。

第四，直接支配人的行為。

人的一些習慣性動作、行為，以及一些令自己意想不到的行為表現，其實就是潛意識在支配人。

一些人遇到難題，馬上想到「挑戰」、想到「如何去解決」，行動也幾乎同時跟上。另一些人遇到難題，則自然而然地、甚至不加思考地就想到退，想到失敗，而且也在行動上退卻。這便是過去不同經驗的潛意識在發揮作用。

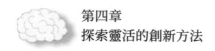

第五，自動解決問題。

靈感就是潛意識的這種特點的全現。當我們苦苦思索某一難題卻遲遲不得其解時，我們也許會將其暫且放下，去做其他的事。結果突然有一天，答案的線索，甚至完整的答案從你腦中跳出來了，你不禁驚喜萬分。原來這就是潛意識在自動替你思維解決問題，即所謂的「靈感」。

第六，潛意識的加速習慣反應，就可形成超感和直覺功能。

美洲印第安原住民之所以能從馬蹄印跡中判斷馬走了多遠，其實是長期與馬、馬蹄痕跡打交道形成的經驗潛意識的習慣性反應，對馬蹄印有一種超感和直覺。母親對嬰兒的某些直覺，也是長時間和嬰兒生活在一起的習慣潛意識的直接反應。

人類的潛意識從母腹中便開始形成：父母的期望、教誨、家庭環境的影響、學校的教育，從小到大的閱歷，一切影響過你的外部思想觀念、意識和你自己內部形成過的觀念意識情感，包括正面積極的意識情感和反面消極的意識情感，這些通通都會在你的潛意識裡彙集沉澱儲存起來，形成一個極為豐富的內心世界和靈魂。

總之，潛意識是我們形成新的思想、心態。智慧取之不盡、用之不竭的素材和資訊泉源。

如何開發利用你的潛意識

拿破崙·希爾的成功學為人們如何開發利用潛意識提出了一些建議，以供參考。

第一，訓練開發潛意識無限貯存記憶的功能，會為你的聰明才智奠定深厚的基礎。

你想建造高樓大廈，就必須儲備好不同的建築材料、裝潢材料、設計知識、建築技能、各種建築機械，還有指揮管理技能等等。

身為一個追求成功、渴望功成明就的人，必須要不停地學習新的東西，使潛意識儲存更多的基本常識、專業知識、成功知識以及相關的最新訊息。

「事事留心皆學問」，你想要大腦更聰明，更有智慧，更富於創造性，更符合現實性，就不得不給潛意識儲存更多的相關訊息。

為了讓你的潛意識儲蓄功能更有效率，你可以採取一些輔助方法幫助儲存。如關鍵數據重複輸入、重複學習、增強記憶力、建立看得見的訊息數據庫 —— 分類儲存圖書、剪報、筆記、日記、現代的電腦軟碟等等，以便協助潛意識為你的創造性思維和其他聰明才智服務。

第二，訓練你對潛意識的控制能力，讓它為你的成功服務，而不是把你引向失敗。

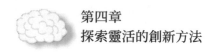

由於潛意識本身不具備分辨是非醜惡的能力，而它偏偏有直接分配人的行為的特點，因此，成為潛意識，敗也潛意識。

所以，這就要求你必須不斷地訓練自己，努力開發利用有益的積極成功的潛意識，對可能導致失敗的消極的潛意識加以嚴格的控制。

珍惜原來潛意識中的積極因素，並不斷輸入新的有利於積極成功的訊息數據，使積極成功心態占據統治地位，使其成為最具優勢的潛意識，甚至成為支配你行為的直覺習慣和靈感。

此外，要嚴格控制非積極進入你的潛意識，為此，你可採取兩個辦法加以控制：

1. 對過去無意中吸收的消極失敗的潛意識，永遠不要提起它，讓它被遺忘，讓它沉入你的潛意識的海底。

2. 用成功積極的心態來對失敗消極的心態進行分析批判，化害為利，讓失敗消極的潛意識像毒草化成肥料一樣，變成有助於你成功的卓越的思想。

第三，充分利用潛意識自動分類組合及自動解決問題的特性，使其幫助你解決問題，並獲得創造性靈感。

潛意識蘊藏著你一生有意無意、感知認知的訊息，又能自動地排列組合分類，並產生一些新意念。因此你可以給它

指令，把你成功的夢想、所碰到的難題化成清晰的指令，經由意識轉到潛意識中，接著放鬆自己等待它的答案。

比如反覆下達這樣的指令：我應該以怎樣的方式開發這種新型保健品的潛在市場呢？

你還能夠把指令由大化小：我開闢市場的第一步應該怎樣走？

有不少人苦思冥想某一問題時，結果卻在夢中，或是在早上醒來，或在洗澡時，或在走路時突然從大腦裡蹦出了答案或靈感。

古希臘物理學家阿基米德就在洗澡時，靈感忽現，發現了著名的浮體原理。

由此可見，只要你用心思考，潛意識隨時都會跳出來幫助你解決問題。因此，你身邊應隨時帶有記事本，以便靈感從潛意識中出現時能夠立刻記錄下來。

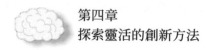

抓住積極的心理提示

自我暗示有積極的一面，也有消極的一面。積極的自我暗示，主要訓練我們怎樣增進自信心，怎樣能由失敗中體驗成功，又怎樣克服惡劣的情緒等等。自我暗示能使你把麵粉當藥劑從而治好你的病，也可使你把毒液當藥水吃，從而使你送命。

怎樣善用積極的自我暗示，是你人生歷程中不可忽視的一門學問。

自我暗示的巨大力量

拿破崙·希爾在這裡提出，自我暗示的要點就是不斷地對自己說：在每一天，在我的生命裡面，我都有進步。

暗示是在平和的情況下，透過議論、行動、聲情、服飾或環境氛圍，對人的心理和行為產生影響，使其接受有暗示作用的觀點，意見或依照暗示的方向去行動。

拿破崙·希爾曾說：「自我暗示是意識與潛意識之間互相溝通的橋梁。」

透過自我暗示，能夠讓意識中最具力量的意念轉化到潛

意識裡，成為潛意識的一部分。即你能夠透過有意識的自我暗示，將有助於成功的積極思想和感覺，輸入潛意識中，使其能在成功過程中減少因考慮不周和疏忽大意等招致的破壞性後果。因此，透過想像不斷地進行自我暗示的成功人士，很可能會成就一番宏偉的事業。

暗示的力量非常大，下面發生的事情是很好的一個例證。

在某醫院裡，一位醫生為一位病人進行肺部透視時，突然發現自己的白袍上被什麼東西刮了一個洞，他忍不住說：「哎呀，這麼大一個洞！」

仍在透視的病人以為自己肺上有個大洞，不禁大驚失色，頓時昏厥過去。

顯而易見，這是醫務人員的語言不慎給病人造成暗示的結果。

拿破崙·希爾在醫院工作時也遇到過類似的情況：由於醫務人員的一時疏忽，填錯了編號讓兩個胸部透視的病人相互取走了對方的檢查報告單，這兩個病人，其中一個患有肺結核。最後，那個真正患有肺結核的病人不治而癒了。而另一個根本就是健康的人，卻因受到錯誤的報告單的暗示，住進了醫院。

這是令不少當事人吃驚的現象，也使我們中的很多人開始對心理學的研究注意起來。

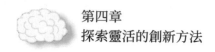

暗示是人類心理方面的正常特性,它進入人的潛意識,是不受人的主觀意識的批判和抵制的。所以,在應用暗示時,應注意暗示是以無批判地接受為基礎的,它無需付諸壓力,不要求他人非接受不可。

暗示從本質上講一般具有以下特點:

第一,由於暗示是一種心理現象,故一般又稱為心理暗示。

暗示的過程,主要是人們心靈接受某個訊息的過程。

因此,進行感知、判斷、推理、論證等活動方式,都是暗示這種心理活動的具體表現。

第二,暗示是明顯性和隱晦性的統一。

一般而言,暗示的一方往往把意圖隱蔽起來,再透過消息讓對方明白。如廠家在商場裡推銷電風扇時往往先在櫃檯上對其進行「破壞性試驗」,藉此向顧客展示其使用壽命,進而來贏得顧客信任。

第三,暗示具有生活的真實性,但其形成有一定特殊的心理環境和外部環境。

有一位商學院的實習生,巧妙地利用環境暗示在短期內發了大財。他在位於華爾街的辦公室的牆中央,掛了幅美國石油大王洛克菲勒(John Davison Rockefeller)的大照片做裝飾。

雖然人們從未見過他與石油有什麼接觸，實際上他也從未見過洛克菲勒，但牆上的照片卻讓人聯想到他與石油大王可能有某種密切關係；更有人認為，他是一位熟悉經濟界祕密情報的消息靈通人士。

暗示心理往往發生在個體與環境接觸的過程中。那麼給個體創設一定的環境，就能在某種程度上控制住個性心理的變化。商學院的那位實習生就成功地利用暗示的作用，為自己贏得了與許多成功人士交往的機會，在他們的幫助下，生意興旺也就是肯定的了。

暗示的方式及其成功妙用

第一，直接暗示的成功妙用。

直接暗示，即指有意識地向他人直截了當地發出刺激訊息，讓其迅速地不加考慮地接受，以達到預期的反應為目的，而不會引起牴觸的暗示。

直接暗示見於商界。廠家往往不惜重金請來當紅名人做廣告，讓他們穿著一件衣服，拿著一樣東西，服用一種藥品，面對觀眾鄭重其事地說：「這個，我喜歡。或我信賴等等」從心理學角度而言，這是在運用直接的暗示來誘導人們的購買欲望。

第二，間接暗示的成功妙用。

間接暗示，即指暗示者向他人發出非直接坦白的刺激訊

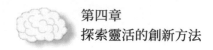
息，既不顯露動機，也不明指意義，而是讓他人從暗示的內容去領悟，從而接受其暗示。一般而言，間接暗示含義深刻，委婉自然，較易被人接受。

一家酒廠宣傳產品的電視廣告上有這樣一段話：「敬告酒廠廠長，敬告廣大消費者，過度飲酒損害健康，適量飲好酒方可強身健體。」

凡事皆有正反兩個方面，而人們在觀察、思考問題時，總是習慣於從正面人手，久而久之則成了一種慣性思考。然而人們聽多了陽春白雪的高調，看慣了錦上添花的盛景，就會聽而不聞、熟視無睹，若此時能反其道而行之，來一個別開生面的「低調」或樸實無華的「白描」，則能給人們耳目一新的感覺，重獲勃勃生機。用酒廠廠長勸消費者不要過度飲酒，可謂別出心裁，給人留下深刻印象。

間接暗示的作用不可展現在其他方面。

例如，在 1960 年代，美國軍隊的一個新兵訓練營接收了一批新兵。這些新兵文化程度低，不講衛生，還沾染了不少不良習慣。

為了把他們訓練成合格軍人，軍營教官動了一番腦筋。他們發了一些家信，要求新兵們閱讀，並照此寫信給自己的家人。信中的內容是告訴家人，他們在軍隊中養成了新的生活習慣。

　　說來奇怪，從此以後，這些新兵果真開始按照他們在家書所說的種種良好習慣行事，變得精神抖擻，懂禮貌、講衛生、守紀律，個個成了標準的軍人。

　　究其原因，這主要是因為他們在閱讀和寫信的過程中受到暗示，認為自己已經是一個標準軍人了，這樣他們自然而然地讓自己的行為舉止合乎軍人的規範。這樣，以往的不良習慣自然就被消除了。

　　美國總統林肯（Abraham Lincoln）在一次演說中說：「有人寫信問我有多少財產。我可以告訴你們，我有一位善良的妻了和一個懂事的兒子，她們是我的無價之寶。另外，我有一個租來的辦公室，室內有一張桌子，三把椅子，牆角還有個大書架，架上的書值得所有人一讀。我本人既高又瘦，臉蛋很長，不會發福。我實在沒有什麼可依靠的，唯一可依靠的就是你們。」

　　這是林肯對「有多少財富」的答覆，最後一句話「唯一可依靠的就是你們」就暗示人們說：「你們是我唯一的財富，你們必不可少。」

　　人們聽過這些話後，自然會感覺到林肯對民眾的深情厚意。

　　與直接表露情感的方式相比，用間接的、意在言外的暗示方式表達情感和意願更能讓人感受深刻，久久不忘。

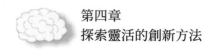
第三，反暗示的成功妙用。

反暗示，即指暗示者發出暗示後，引起了受暗示者性質相反的反應。反暗示一般又有兩種情況：有意反暗示和無意反暗示。

有意反暗示，即故意說反話來達到正面效果，如「聲東擊西」、「欲擒故縱」以及「激將法」，所用的都是有意反暗示。

在商業活動中這種方法也得到廣泛運用。例如，一家日用百貨商店，為清庫存的肥皂而貼出海報降價 10%，可是，一個多月過去了，前來購買的人沒有幾個。後來，商店將提的內容換寫成：本店肥皂，每人限購一塊，購兩塊以上加價5%。人們看了廣告紛紛猜疑：「是否要漲價了？要不為何多買要加價呢？」在此心理的支配下，人們開始搶購，才幾天功夫，這家商店的肥皂就銷售一空。

美國有家飲食店，在門外擺了一個大酒桶。在桶壁上醒目地寫著：「不可偷看！」但桶周圍卻無遮無攔。所有路過的人，看到桶上這幾個字，本來對這個大酒桶毫無興趣，也因禁不住好奇心的驅使，停下腳步往桶裡看個究竟。

可見，「不可偷看！」從字面上而言，是對行動的一種抑制，實則起的作用卻是恰恰相反。本來不想看的人也要看一下，這正是經營者巧妙地透過暗示利用了人的好奇心理。只要

你　看，飲食店老闆的目的就達到了。因為桶裡寫著「我店有多種口味不同、清醇芳香的生啤酒，每杯 5 元，請盡情試飲。」

這樣「多種口味」又激起了消費者的好奇心理，就想進去看看究竟都有何種口味，花錢親口嘗試，哪怕他們只選一種品嘗，老闆的生意就做成了。

無意反暗示，即正面的暗示無意中起了相反的效果。「此地無銀三百兩」的笑話，就是這類暗示的典型例子。

有經驗的人往往根據這種原理來洞悉別人的心理。如有的兒童打碎了家中的水杯，然而家長詢問時，卻連連擺手說：「我沒有，不是我。」這就是無意反暗示，你不妨在你的商業行為中也可巧妙地加以利用。

第四，權威暗示的成功妙用。

權威暗示，即指透過名人、名牌對他人的心理和行為產生影響。此種暗示在社會生活中影響很大。

如醫生治病，同樣的診斷結果、開出的藥方，出自名醫之口、專家之手，病人便言聽計從，於是出現了「安慰劑」之說。

有人利用顧客對出口商品的崇拜心理，推銷積壓商品時冠以「出口轉內銷」，結果銷售一空。由於人們不辨真偽，按原有思維模式：「出口必是質高，內銷必定物美價廉」，這樣，紛紛上當受騙。

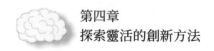

第五，自我暗示妙用宜忌。

自我暗示，即指依靠思想、言語或符號，自己向自己發出刺激，從而影響自己的情緒、意志和行動。自我暗示又有兩種，積極自我暗示和消極自我暗示。

這裡所說的積極自我暗示，是指暗示者的行為能達到暗示者預期目的的暗示。

查爾斯·施瓦布（Charles Robert Schwab）是一家連鎖工廠的大老闆。在所有的連鎖工廠中有一家的生產率一直不是很好，施瓦布便去找那位廠長，想了解他們廠的生產率比別的廠差得多的原因所在。

廠長說他試了各種方法，或命令，或獎勵，甚至巴結奉承，工人們就是提不起工作的興趣。

當時正好是夜班和白班換班的時候。施瓦布拿了枝粉筆，走向生產工廠。

他問一位馬上就要下班的白班工人：「今天你們共澆鑄了幾次？」

那位工人回答說：「5 次。」

施瓦布二話不說在地板的通道上寫了一個很大的「5」字就出去了。

夜班工人進工廠時看見地上的數字，就問白班工人那是什麼意思。

白班工人回答說：「剛才大老闆進來，問我們澆鑄了多少次，我回答 5 次，他就在地板上寫了一個 5 字。」

第二天早晨，施瓦布又來到這個工廠的工廠，發現地板上的「5」字已經被改成了「7」字。

白班工人發現了地板上的「7」字，知道夜班工人比他們澆鑄得多，自然地產生了競爭的心理。下班時，白班工人也很自豪地將地板上的「7」改成了「10」。

從此以後，工廠的生產率與日俱增。

競爭能激發人的內在潛能，抓住機會，從而戰勝自己的對手，實現自我價值。

很容易看出，施瓦布利用數字的暗示，來刺激工人的競爭意識，可謂激勵的妙訣。

與積極自我暗示相反，消極自我暗示是指受暗示者對暗示產生一種牴觸或反抗心理的暗示。

電視廣告的製作者力求迴避觀眾產生非積極自我暗示，因為這種自我暗示會引起人的自我防禦。

例如：有一則宣傳婦女頭髮保健藥品的廣告，電視畫面上一個頭髮斑禿的婦女在用了這種藥品之後又長出滿頭秀髮。毫無疑問，這則廣告肯定會引起許多婦女的自我暗示。她們看了這則廣告後會想：「我只是頭髮有些稀少而已，並不像廣告說的那麼嚴重，這種增髮劑不適合我。」

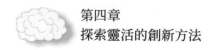
自然也就打消了前去購買的念頭。

又如，一則宣傳男性襯衫的廣告，畫面一位高挑英俊的男青年穿著這種襯衫後讓很多位妙齡女郎側目。許多中老年男性看了這則廣告後會想：我早已過了風姿瀟灑的年齡，那是年輕人的專利品。因此，他們購買衣服時是絕不會選擇這種襯衫的。

每一個人都有自尊心，當一個人的自尊受到威脅時，他就會充滿敵意，或者逃避，或者變得十分冷漠。

所以，商家在做廣告時一定要注意消極自我暗示的影響，盡量避免觀眾對產品銷售產生不利的聯想，力求喚起顧客潛在的需求願望，以推動其購買欲望。

自我暗示的方法

前面已經介紹了幾種自我暗示的運用典範，現在我要告訴你的是，自我暗示還能對自己的心理產生有益的影響。

當別人總是對你說「哦，你真能幹」時，你會感到自己信心十足，而你往往也會變得更加能幹，由於別人對你的肯定，將變成你對自己的期望，你的行為也會盡力去回報這一期望。

與此同時，你自身也能夠透過運用自我暗示，對自己的致富才能加以肯定，強化自己的致富意念。

拿破崙‧希爾博士將透過自我暗示獲得了成功的方法分

為 6 大步，即「實現目標的步驟。」分別介紹如下：

第一，當你實行第一步驟時，你要在你的心裡先確定你所要達到的具體目標。比如，具體的金錢的數目，並集中精力、牢牢地盯著這個具體的目標，直到達到目標 —— 你得到了這些金錢。

勃生特曾指出：「根據我對富豪們的研究，我發現，他們人人都有確切的目標，都精確地為自己定下過要賺的錢的數額，並同時確定了完成這一目標的時間表。」

第二，要知道，世界上沒有任何東西可以不勞而獲，你千萬不要自欺欺人，尤其是在你的目標明確之後。

美國最大的信封製造公司總裁麥基，是一個務實主義者，他在其談論成功之道的《與鯊同游》一書中告誡人們：做事必須要有目標，但最關鍵的是：首先你要知道你要建立的目標到底是什麼；其次，你應該確定一份詳盡的計劃去實現這一目標；第三，對這一實現目標的計畫，你還必須有一個相應的時間表。如此，再加上勤勞而務實的工作，目標就會成為你一個有限期實現的夢。

第三，不要再停留於想像的空談，因為沒有去執行的想法只是空想。

你必須馬上開始著手你的計畫，不必浪費時間，更不要害怕失敗。

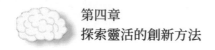
　　一個公司在徵人時，應徵者提出的最多的一個問題就是：在工作中你怎樣對待錯誤。許多人的回答往往是：「盡量不出錯誤。」對如此回答的應徵者，該公司往往不予理會。該公司希望聽到的回答是：「我並不擔心自己會出錯，但我能做到不重複同一個錯誤。」

　　使美國佳世達汽車公司起死回生的巨商艾科卡（Lee Iacocca），回憶自己曾有的那段經歷時也說：「冒險的精神是極其關鍵的經常能夠去搏一搏無害處。」在通往成功的道路上，錯誤是在所難免的，但致富者總是能很快地吸取教訓，總結出更現實可行的經驗。

　　第四，要將目標寫下來，光憑記憶是不夠的，這在心理學中，被認為是很重要的自律方式。

　　這樣做，還能讓本來模糊的細節變得清晰明確。明確的自律是成功緻富的必不可少的條件。

　　第五，在行動中以現實為依據來修定你的計畫，但不要輕易地改變時間表，更不能隨意地轉換你的目標。

　　第六，每天起床前、臨睡前兩次默唸你的目標。因為這兩個時候，你的意識的活動力最弱，你的自我暗示最容易與潛意識溝通。在默唸時，應讓自己清晰地看到得到了財富時的結果。

　　對於想成功的你來說，依以上 6 個步驟去做是很重要

的。其中，觀察和遵照第 6 步的指示尤其重要。你可能抱
怨，在你沒有真正達到你的具體目標 —— 例如得到這筆錢之
前，你總是不能「看到我擁有這筆錢」。

　　然而透過這些步驟，強烈的願望將會幫助你。如果你對
成功的嚮往確實已經達到了著迷的程度，相信你能得到它是
沒有任何困難的。

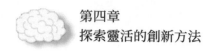

深思熟慮，延展創意

　　拿破崙‧希爾的成功學告訴我們正確的思考方式是獲得成功的必然基礎。

　　因此，你要想走向你的成功，你就不得不培養並具備正確的思考方式。

　　艾爾默‧蓋茲博士（Elmer R. Gates）能夠把這個世界變成更理想的生活空間，全依賴創造性的思考。

　　蓋茲博士是美國的大教育家、哲學家、心理學家、科學家和發明家，他一生中在各種藝術和科學上有不少的發明和發現。

　　蓋茲博士的個人生活經驗顯示，鍛鍊腦力和體力的方法能夠培養健康的身體並促進心智的靈活。

　　拿破崙‧希爾曾帶著介紹信前去拜訪蓋茲博士。

　　在蓋茲博士的實驗室門口，拿破崙‧希爾被博士的祕書攔住了，這位祕書告訴他說：「很抱歉……這個時候我不能打擾蓋茲博士。」

　　拿破崙‧希爾問：「要過多久才能見到他呢？」祕書回答：「我不知道，也許要 3 個小時。」

拿破崙·希爾繼續問：「請你告訴我為何不能打擾他好嗎？」

祕書遲疑了一下然後說：「博士先生正在靜坐冥想。」

「哦——那樣做有什麼特別的用處嗎？」拿破崙·希爾想弄明白。

「這個問題最好還是請蓋茲博士自己來解釋吧！我真的不知道要多久，倘若你願意等，我們很歡迎；倘若你想以後再來，我可以留意，看看能否幫你約一個時間。」祕書很恭敬地說。

拿破崙·希爾決定等待。

這個決定真值得。下面便是他對經過的描述：

「當蓋茲博士拉開接待室的門時，他的祕密為我們作了介紹。」

「我開玩笑地把他祕書說的話告訴他。在看過介紹信以後，他高興地說：『你不想看看我靜坐冥想的地方，並且了解我如何做嗎？』」

「然後他把我帶到了一個隔音的房間，這裡的擺設只有一張簡樸的桌子和一把椅子，桌子上放著幾本白紙簿、幾枝鉛筆以及一個能夠開關電燈的按鈕。」

「在我們談話中，蓋茲博士說每當他遇到困難而百思不解時，就走到這個房間來，關上房門坐下，熄滅燈光，集

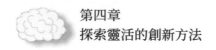

中精力進入深沉的集中狀態。他就這樣運用集中注意力的方法，要求自己的潛意識給他一個解答，不管什麼都可以。有時候，靈感好像遲遲不來；有時候似乎一下子就湧進他的腦海；更有些時候，至少得花上兩三個小時才出現。等到念頭開始澄明清晰起來，他便立即開燈把它記下。」

艾爾默·蓋茲博士曾經把別的發明家努力鑽研卻失敗的發明重新研究，使它盡善盡美，因而獲得了 200 多種專利權。他的成功祕訣就在於能夠找出欠缺的那些東西，並完善它。

蓋茲博士特別安排時間來集中心神思索，尋找另外一點。對於這個「另外一點」，他很清楚自己要什麼，並馬上採取行動。因而他獲得了成功。

由此看來，正確的思考方法有著巨大的威力。那麼如何才能養成正確的思考方法呢？

拿破崙·希爾的成功學告訴你：

- ◆ 要培養注意重點的習慣；
- ◆ 要看清事實；
- ◆ 要尊重真理；
- ◆ 必須正確評價自己和他人；
- ◆ 要善於投資；
- ◆ 要有建設性的思想。

下面是關於這六點的詳細說明。

你必須要培養注意重點的習慣

正確的思考方式需要以兩個方面為基礎，即：

* 必須把事實和純粹的數據分開；
* 必須把事實分成兩種，重要的和不重要的，或是，有關係的和沒有關係的。

你在向目標做不懈的衝擊時，你要確保你所用的一切事之間都關鍵並有密切連繫的，你所不用的則是沒有利用價值的。

某些人因為疏忽而造成了這種現象：機會與能力相差無幾的人所做出的成就卻有很大不同。

你可能因此猜測這其中的原因。

只要你勤於去尋找研究，你就能夠發現，那些成就大的人都已經培養出一種習慣，把影響到他們工作的重要事實全部綜合起來加以使用。如此一來，他們比起一般人來工作得會更為輕鬆愉快。

因為他們已經找到竅門，知道怎樣從雜亂無章的事實中找出重要的事實來，因此，他們等於已為自己的槓桿找到了一個支點，只要用小指頭輕輕一撥，就能移動你即使以全身的力量也無法移動的沉重工作重量。

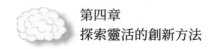

一個人若能養成把其注意力挪到重要事實上的習慣，並根據這些重要事實來建造他的成功殿堂，那他就已為自己獲得了一種強大的力量，就像一下子能夠擊出 10 噸力量的大鐵錘，而不是隻有 1 磅力量的小鐵錘。

為了讓你能夠了解分辨事實與純粹數據的重要性，拿破崙‧希爾建議你去研究那些聽到什麼就做什麼的人。

這種人很容易受到語言的影響，他們對在報上所看到的所有訊息全盤接受，而不會去粗取精分辨優劣，他們對其他人的判斷，則是根據這些人的敵人、競爭者及別人的評語來決定。

你可以從你相識的朋友當中，找出如此的一個人，在討論這一主題期間，把他當作是你的一個例子。

注意，這種人一開口說話時，通常都是如此說：「我看的報上說」，或者是「聽他們說」。

有辨別意識的人都知道，報紙的報導並不完全是真實的實事求是的，同時也知道，「他們說」的內容通常都是錯誤的訊息多過正確的訊息。如果你尚未超越「我從報上看到」和「他們說」的層次，那麼，你必須十分努力，才能成為一個思考方式正確的人。

當然，很多真理與事實，都是包含在閒談與新聞報導中。然而，思考方式正確的人並不會把自己所看到的或是所聽到的全盤接收。

只有看清事實，才能使你有正確的思考方式

在法律領域，我們都知道有一種法律被稱之為「證據法」的，制定這項法律的目的就是取得事實。

一切法官都能夠把案子處理得對一切有關係的人同樣公平，只在他能根據事實來作判決。但他也許冤枉了了無辜的人，只要他故意迴避這項「證據法」，比如說根據道聽塗說的訊息來作判決或結論。「證據法」根據它所使用的對象與環境而有所不同。在缺乏所知道的事實時，如果你能夠做出假設，那麼在你所掌握的證據中，只有那些即可以有利於你，又不會傷及他人的證據才是以事實為基礎的證據。

你只要以這一部分的證據去判斷就一定是正確的。但在現實中也有一部分人錯誤地 —— 他自己也許知道，也許不知道 —— 把事情的利害關係當作事實。他們願意做一件事，或是不願意做一件事，唯一的理由是能否滿足自己的利益，而未曾考慮到是不是會妨礙到其他人的權益。

無論多麼令人感到遺憾，這仍然是事實。今天大部分人的想法，是以利害關係為唯一的基礎的。

在有利於他們的事實面前，他們是守法公民，一旦事實稍有些不利於已，他們就會找出各種理由為自己所犯下罪行開脫。

思考方式正確的人確定了一套標準來指引自己的行動。

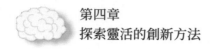

他隨時遵從這套標準，無論這套標準能不能立即為他帶來利益，或是偶爾還會帶給他不利的情況，因為他知道·到最後，這套標準終將使他達到成功的最高峰，讓他最後達到生命中的明確而主要的目標。

對此，哲學家及國際法學家格勞秀斯（Hugo Grotius）是這樣說的：「人類的事物都是在一個輪子上旋轉，因為這種特殊的設計，所以沒有所女的人能夠永遠保持幸福。」

因此，你需要有一個心理準備，要想成為一個思考方式正確的人，必須具備頑強堅定的性格。

思考方式正確，有時會受到某種力量的暫時懲罰。對於這一事實，你毋須不承認。

然而同樣的，因為思考方式正確將獲得的補償性報酬，整個合計來說，是如此的龐大，所以，你將會很樂意地接受這種懲罰。

在追求事實的過程中，你不可避免地要借鑑他人的知識與經驗。用這種途徑收集事實之後，你必須很謹慎地檢查它所提供的證據，以及提供證據的人。

而當證據的性質影響到提供證據的證人的利益時，我們有理由要更加詳細地審查這些證據，因為，向他們提供證據的證人難免有向金錢或其他手質或精神利益屈服的，從而對證據予以掩飾或改造，以保護這項利益。

唯有真理才永垂不朽

在你成為一個思考方式正確的人之前，你必須正視並諒解這樣一種事實即無論在哪一領域，一個人一旦走上領導職位，他的反對者就開始散布「謠言」、傳閒話。對他展開攻擊。

無論一個人的品行多麼好，也不管他對這個世界有多麼傑出的貢獻，都無法逃避這些人的攻擊，因為這些人喜歡破壞而不喜歡建設。

林肯總統的政敵散布謠言說他和一名黑人女人同居。美國第一任總統華盛頓的政敵也散布了類似的謠言。

因為林肯和華盛頓都是南方人，所以製造這些謠言的人也就認為，這是他們所能想像出來的最合適且最有殺傷力的謠言。

當威爾遜總統（Thomas Woodrow Wilson）帶著停止戰爭以及和平解決國際糾紛的可行性計畫從巴黎回到美國時，除了思考方式沒有錯誤的人，大多數人受到「道聽塗說」報導的影響，全都認為他是尼祿（Nero，暴君）與猶大（出賣朋友的人）的綜合體。

造謠者殺害了威爾遜 —— 用惡毒的謠言。

他們對待林肯也一樣，而且行徑更令人髮指 —— 鼓動一名狂熱分子用一顆子彈提早結束了林肯的生命。

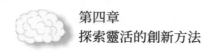

　　要知道，世界文明的歷史上，關於政治家的各式各樣的謠言是非常多的？

　　思考方式正確者必須防範閒言碎語的攻擊，並且不僅僅是在政界。

　　一個人只要開始在商界揚名，這些閒言碎語立刻就會找上門來。

　　一旦某人所做的捕鼠器比他的鄰居所做的要好，那麼，全世界的人都會湧到他家門口向他道賀，這是肯定的。但是，在這些前來道賀的人群當中，必然要夾雜一些借道賀之名，前來譴責並破壞他的名聲的人。

　　已故的「國家收銀機公司」總裁帕特森（John patterson），就是一個證明。

　　帕特森製造的收銀機在各個方面均遙遙領先於其他產品，所以「理所當然」遭到了無情的打擊。然而，在思考方式正確者看來，並沒有一丁點的證據可以支持帕特森的競爭者所散布的惡毒謠言。

　　至於威爾遜和哈丁（Warren Gamaliel Harding），我們只要看看林肯和華盛頓已經名垂青史，就可以知道後人將怎樣評價他們了。

　　正因為此，拿破崙・希爾的成功學告訴你，只有真理與事實能夠永垂不朽，其餘的都經不起時間的考驗。

正確評價他人和自己

身為一個思考方式正確的人，利用事實不僅是你的權力，也是你的責任。

許多人失敗、退卻的原因，往往是由於他過高估價了自己的能力，而過低估價了對有的水準與能力。

一位思考方式正確的人必須向一名優秀運動員那樣，能夠張公正地找出自己和其他人的優點與缺點，因為所有的人都是同時具有各種相異的優點與缺點的。「我不相信我可以欺騙他人，因為我知道我不能欺騙我自己」這句話可以當作你的座右銘。

洛克菲勒有一個尤其突出的長處，像一顆閃亮的星星突出於他其餘的長處之上，那就是他堅持拿事實作為他的商業哲學的基礎，並且只習慣於同和他終身事業有確實關係的事實打交道。

有些人評價洛克菲勒並非對他的對手完全公正，這種說法也許有一定道理，但也可能是誤解，身為思考方式正確的人，我們不願對這一點爭執不休。

然而，從來沒有人（甚至連他的對手）指責洛克菲勒對他的對手的實力「輕易判斷」或「猜想過低」。他不僅能一眼看出和他的事業有密切關係的事實，而且不管何時何地，只要它一出現，他就能一眼看出來。而且他還會主動去尋找它們，一直到把它們找出來為止。

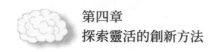

　　一個人如果堅定地憑著事實工作，那麼，他在工作時將會產生自信心，這將讓他不會躊躇或是等待。

　　因為他事先就知道自己的努力將會帶來什麼結果。所以，他的工作效率要比其他人高，成就也將勝過其他人；而其他人則必須摸索前進，因為他們無法確定自己所從事的工作是不是真的以事實為根據。

建設性的思想能使你獲得成功

　　正確的思考方式再加上頑強不息的努力和積極進取的精神，能夠幫助一個人獲得偉大的成就。

　　與此相反，消極的、破壞性的心態則將毀掉你一切成功的可能性，長此以往，它將傷及你的身心健康。

　　有資料顯示，在所有病人當中，將近 75％的病人患有「憂鬱症」。「憂鬱症」是一種不正常的心態，會引起有損自己健康的無謂煩惱。

　　用通俗易懂的話來說，「憂鬱症患者」即一個人相信他自己正患上某種想像中的疾病。而且，通常這些可憐蟲都確信，所有他們聽到過的每一種疾病，已經全部集中在他們自己身上了。

　　「憂鬱症」是所有不正常疾病的開端。

　　下面是拿破崙‧希爾講到的一件事，不僅有趣而且還很有啟發意義：

「那天我正要去教學做禮拜，突然有人來告訴我說波特的妻子請我去她家一趟。當我趕到她家中時，首先見到的是波特，他對我說：『倘若我妻子死了，我將懷疑有上帝存在。』」

「聽了他的話我很吃驚，後來才明白，原來是他的妻子得了肺炎，醫生已經對她說，她活不了了。於是她把丈夫和兩個兒子叫到床邊，向他們道別。然後，她請求把我 —— 她的教區牧師 —— 找來。我趕到她家裡後，發現那位做丈夫的在前廳哭泣，兩個兒子則在竭盡全力安慰他。我走進她房間時，她已經呼吸困難，護士告訴我說，她的情緒非常低落。」

「我很快就發現，這位太太請我過來，原來是要拜託我在她死後，照顧她的兩個兒子。這時候，我對她說：『你不可以就這樣輕易放棄生的希望，你看上去並不很糟糕，你一直都是一位強壯而健康的婦人，我不相信上帝會要你去死，而把你的兒子託付給我或其他人。』」

「我這樣向她談了很久，並做了一次祈禱，祈禱她早日康復，而不是進入天國。我告訴她，要對上帝有信心，以全部的意志及力量與每一種死亡的思想搏鬥。接著，我離開了她家。臨行前，我說：教堂禮拜結束後，我會再來看你，到時候，我將會發現，你比現在好多了。」

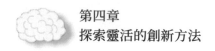

「那天下午，我再去拜訪她時，波特面帶微笑迎接了我。他說，自從我早上離開之後，他太太就把他和兒子們叫進房裡，說道：希爾博士說我不會死的，我完全可以像從前那強壯，現在我真的感覺好多了。」

「她真的康復了。是她對自己的信心幫助了她。當然有些病例我們必須悲哀地加以承認，目前是無法治癒的。但有時候，像這個病例，倘若意志運用得當，將能夠得救。只要一息尚存，就有一線希望。人類意志所能產生的力量是驚人的。」

這裡還有一個例子，說明引起憂鬱症的原因既可能是肉體上的，也可能是想像力脫出常軌的緣故。

菲大夫曾經接手過一個腫瘤患者。

當他們為這位患腫瘤的婦人打過麻醉針準備實施手術時，老天，她的腫瘤竟然不見了，再也用不著進行手術了。但當她清醒後，那個腫瘤又回來了。

醫生們這時才發現，她一直和一位真正患有腫瘤的親戚住在一起，她的想像力非常豐富。所以想像她自己也患了腫瘤。

她被再度放到手術檯上，施以麻醉，在腹部中央綁上繃帶，使那個腫瘤不至於作人為性的恢復。當她甦醒後，醫生告訴她，她的手術做得非常成功，但為了能讓她更快地康

復，她必須繼續綁幾天繃帶。

　　她相信了醫生們的話，當繃帶最後被拿下來時，那個腫瘤並未出現，而實際上手術並未實施。她只是從潛意識中除去了她患有腫瘤的想法。同時，因為她其實並未真正得過腫瘤，當然，她就可以維持正常了。

　　你的意識生病時，就會造成身體疾病。這時就需要你找到一個更強壯的意識來治療它，給它指示，尤其是讓它對自己產生信心。

　　有每個人都有權利了解人類意識的能力所在，更有義務去學習人類意識如何能夠發揮驚人的功能，使人們保持健康及快樂。你能夠看到，不正確的思考方式會對人類產生極為可怕的影響，甚至迫使他們發瘋。

　　現在正是你去發掘人類意識所能從事的善事的時候了。因為人類意識不僅能夠治療心理失常，也能治療肉體疾病。

你必須善於自我投資

　　下面這兩種「自我投資」方式很值得一試，它將會給你帶來非常優厚的報酬。

　　第一，投資教育。

　　投資真正的教育是對每一個人都非常有利的，但是什麼才是「真正的教育」呢？

　　有人以為教育就只是學校內的教育，或文憑、證書、學

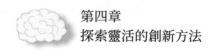
位的數目。然而這些數字並不保證一定能夠造就一個成功
人物。

奇異公司的董事長柯丁納（Ralph J. Cordiner）曾經說起
高級主管對於教育的看法。他說：「威爾森先生和梧夫索先
生是公司裡的頭牌主管，但他們卻從沒念過大學。儘管公司
的高級主管中有人得了博士學位，但在 41 個高級主管中，仍
有 12 人沒有大學文憑。因為我們重視的是他們的能力，而不
是文憑。」

文憑當然有助於你找工作，卻不能保證你在這份工作中
一定做出什麼成就。

要知道，人們更需要有能力解決問題的人，而不是抱著
文憑站著觀看的人。

教育只是一個人大腦中儲存數據的數量而已，這種死板
的記憶並無助於你得到一直嚮往的東西。因為儲藏數據的儀
器裝置越來越多，如果你還只能做些一部機器就能做到的
事，你馬上就會被淘汰的。

真正的教育是值得我們去投資的那種教育，它能夠發揮
我們的智慧。

拿破崙·希爾的成功學認為，一個人所受教育的好壞，
是以他對思考的有效運用程度來衡量的。

教育的範圍很廣泛，並不只局限於學校，任何足以改善

思考能力的事情都是教育。當然，對於大多數人而言，接受教育的最佳場所，還是各種大學與專科學校，因為教育是這些學校的作用與專長。

假如你還沒念過大學，你很可能急著擠進去就讀。當你看到大學中種類繁多的科目時會很興奮。當你發現工作之餘還來念書的都是些什麼人時會更高興。這些學生不是為了文憑才念書的人，他們都是很有作為的中堅分子，有些人的職位或社會地位已相當高了。

拿破崙·希爾在夜間部所教的一班 25 人中，有 1 個學生是 12 家連鎖商店的老闆，有 2 個是全國食物聯盟的採購員，有 4 個工程師，有 1 個空軍上校，以及幾個身分地位非常高的人。

社會上有不少人是在夜間部拿到學位的，然而他們的學位只是一張薄紙，而且這張紙並不是他們念書的目的。

他們拿出金錢、時間和精力來學習，是為更加豐富自己的頭腦，以使它更靈活、更容易於吸收先進的思想理念，以為他們的將來提供更扎實、更可靠的投資。

你千萬不要誤會了下面這句話的意義：

教育本身是種非常合算的買賣，你只要投資 75-100 美元，全年就能夠在每週的一個晚上到學校上課。把這個費用跟你的收入相比，這個比例有多小。然後問自己：

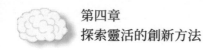

　　「我的將來不止這麼一點吧？」何不現在就決定呢？再去念書！為了前途著想，每個星期抽一個晚上到學校念書。這樣做會讓你更積極、更年輕、更活潑，它也會讓你緊跟時代的步伐，還會讓你認識不少良師益友，他們都跟你一樣是力爭上游的進取者。

　　第二，投資意義的書刊。

　　有意義的書刊不僅有與正確的教育一樣的作用，同時它還可以充實你的心靈，帶來許多值得仔細思考的建設性思想。

　　有意義的書刊到哪裡去找呢？來源很多。你每個月至少要買一本好書，同時訂閱兩種好雜誌。這樣可以讓你用最少的金錢和時間來吸收最新的觀念。

　　拿破崙・希爾一日在小店用餐時曾聽到過這樣一組對話。「訂一份華爾街雜誌一年要 20 美元，我付不起啊！」一個人說。「不訂你會後悔的，老兄，那可是最划算的支出。」他的朋友說。

　　你說說看，這兩個人的心態差異有多大。

　　盡量從那些成功人物身上吸取讓自己也成功的養料，正確投資自己的將來吧！

　　前提是，你必須從現在開始付諸實施。

周全設想，啟發遠見

你能想到第幾步

　　拿破崙‧希爾講過這樣一個故事：

　　愛諾和布諾在同一天被一家超級市場錄用了，起初他們的薪水和工作內容都是一樣的，屬於最底層，可是沒過多久，情況便發生了改變，愛諾由於受到總經理青睞，一再被提拔，從領班直到部門經理，薪水也一翻再翻。布諾卻正如被人遺忘了一般，還在最底層混。終於有一天布諾忍無可忍，向總經理提出辭呈，並痛斥總經理狗眼看人低，辛勤工作的人不提拔，倒提拔那些吹牛拍馬的人。

　　總經理耐心地聽著，他了解這個小夥子，工作認真，吃苦耐勞，但就是總覺得缺少點什麼，究竟缺什麼呢？一時也說不清楚，說清楚了他也不服，看來……他忽然有了個主意。

　　「布諾先生，」總經理說，「您馬上到市集上去，看看今天有什麼賣的。」

　　布諾不久回來說，剛才市集上僅有一個農民拉了車馬鈴

219

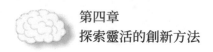

薯在賣。

「那麼那車馬鈴薯大約有多少斤，需要多少錢能買下來？」總經理問。

布諾又跑去，回來說有 10 袋。「價格多少？」布諾轉身要再次跑到市集上。

這時總經理望著跑得氣喘吁吁的他說：「請休息一會吧，看愛諾是如何做的。」

說完，他叫來愛諾對他說：「愛諾先生，你立刻到市集上去，看看今天有什麼賣的。」

愛諾不久後從市集回來了，彙報說：「到現在為止只有一個農民在賣馬鈴薯，有 10 袋，價格適中，品質很不錯，我帶回了幾個樣品請您過目。這個農民過一會還將弄幾筐番茄出售。我看價格還算公道，另外，昨天我經過倉庫時發現存貨已經不多了，也許您需要這種價格的番茄，為了更省事，我把那個農民也帶來了，他現在正在外面等著回話呢！」總經理看了一眼紅了臉的布諾說：「請他進來。」

愛諾因為比布諾多想了幾步，於是在工作上取得了更多的成功。

請問，你能想到幾步呢？

在現實生活中，多想幾步，也就是遠見卓識將為你的生活和工作帶來極大的好處。

　　凱薩琳・羅甘說：「遠見讓我們知道自己將得到什麼東西，遠見召喚我們去行動。心中有了一幅宏圖，我們就從一個成就走向另一個成就，把身邊的物質條件作為跳板，跳向更高、更好、更令人快慰的境界，如此，我們就擁有了無可衡量的永恆價值。」

　　遠見會增強你人生發展的潛力。會替你開啟你意料之外的機會之門。

　　當然，遠見的主要意義在於：第一，遠見會使你工作與生活輕鬆愉快。

　　由於你遠見，你的工作就更順利，沒有任何東西比這種感覺更愉快。它賦予你成就感，它是樂趣。當那些不大的成績為更大的目標服務時 —— 比如讓一個遠見成為現實，就更令人激動了。每一項任務都成了一幅更大的圖畫的重要組成部分。

　　第二，遠見會讓你的工作增值。

　　當我們的工作是實現遠見的一部分時，那麼每一項任務都具有價值。哪怕是最單調的任務也會賦予你滿足感，因為你看到更大的目標正在實現。

　　一位經理和三個磚砌工人的故事就很能說明這一道理。

　　經理問第一個工人：「你在做什麼？」

　　工人回答：「我在為拿薪水養活一家老小而工作。」

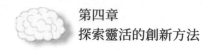

經理用同樣的問題問第二個工人。

第二個工人回答說：「我在砌磚。」

但當他問到第三個工人時，這位工人卻熱情洋溢地回答：「我在建一座教堂。」

三個人都在做相同的工作，然而只有第三個人的工作受到遠見的指引。

他看到了宏偉的大教堂的宏圖，宏圖則為他的工作增添了價值。

第三，遠見預言你的未來。

缺乏遠見的人也許會被等待著他們的未來弄得驚慌失措。變化之風會把他們颳得滿天飛，他們不清楚會落在哪個角落，等待他們的又是什麼。

如果你有遠見，又肯付出，你實現偉大目標的機率就會增加，儘管誰都無法保證未來，但你能大大增加成功的機會。

人們早就知道遠見對於成功的關鍵性。據《聖經‧箴言》第 29 章第 18 節記載，大約 3,000 年前就有人說過：

「沒有遠見，人民就放肆。」

儘管遠見向來都那麼有價值，但今天有遠見的人看來還是很少。

妨礙你獲得遠見的幾個要素

遠見並非與生俱來的，是依靠後天培養出來的一種能力。當然，這種能力有時也會被壓抑。

下面是遠見受到限制的 5 種情形，了解它們對於培養你的遠見會有所幫助的。

第一，過去的經歷可以限制你的遠見。

過去的經歷比任何其他因素都更有可能限制你的遠見。

我們判斷將來的成敗往往不由自主地會拿過去做參照。如果你的過去特別艱難、困苦、失敗，你大概得加倍努力，才能夠看到將來光明的前途。

從大自然中可以找到一個非常不錯的例子，來說明過去是如何影響一個人的。

這個例子就在跳蚤馬戲團裡。你可能在狂歡節時或者馬戲表演中看到過這種演出，那些極小的昆蟲能跳得很高，但不會超出一個預定的限度。每隻跳蚤好像都預設一個無形的最高限度。你知道這些跳蚤為什麼會限制自己跳的高度嗎？

開始受訓練時，跳蚤被放在一個有一定高度的玻璃罩下。這些跳蚤試圖跳出去，但撞在玻璃罩上。這樣跳了幾下之後，它們就不再嘗試跳出去了。就算拿走玻璃罩，它們也不會跳出去，因為以前的經驗使跳蚤懂得，它們是跳不出去的。

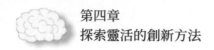

　　這些跳蚤成了自我限制的犧牲品。人也能這樣。

　　一旦你認定自己不能成功，你就局限了自己的遠見。

　　要開動要有不服輸的精神，要勇於去想，勇於超越自我，不要限制你自己的潛能。

　　第二，眼前的壓力會限制你的遠見。

　　有這樣一則故事很能說明這一點。有一天，父子兩個趕著驢去市集買耕地的家具。開始父親騎驢，兒子走路。路人看見他們經過，就說：「真狠心呀！一個強壯的漢子坐在驢背上，那可憐的小傢伙卻要步行。」

　　因此父親下來，兒子上去。可是人們又說：「真不孝順呀！父親走路，兒子騎驢。」

　　因此父子兩個一齊騎上去。這時路人又說：「真殘忍呀！兩個人一同騎在那可憐的驢背上。」

　　因此兩人都下來走路。路人說：「真愚蠢呀！有驢不騎，卻偏偏要步行。」

　　他們最後到達市集時整整遲到了一天。令人不可思議的是，他們父子兩個竟一起抬著那頭驢來到了市集！

　　像這對父子一樣，你也會由於過分擔心會要到壓力而看不清方向，忘記了自己的目標。

　　事實證明小事和空洞的批評能占據我們的頭腦，讓我們無法有遠見。你千萬不要讓這種情況發生在自己身上。

第二，諸多不利因素能限制你的遠見。要勇於夢想──無論有什麼不利因素、逆境和障礙。

歷史上有無數傑出的男女，都曾面對問題、不利因素或是說缺陷而取得了成功。

從小就有口吃毛病的古希臘最傑出的演說家德謨克利特（Democritus）的第一次演講是在眾人的轟笑聲中結束的。但這並沒有毀掉他，他預見到自己能成為偉大的演說家。據說，他經常把鵝卵石放進嘴裡，在海邊對著拍岸的浪花演說。

還有其他人都透過不懈奮鬥實現了自己的理想：凱撒（Gaius Iulius Caesar）患有癲癇病，但他當上了將軍，後來又成為皇帝；拿破崙（Napoléon Bonaparte）出身低微，且個子矮小，然而最終當上皇帝；貝多芬聾了以後還創作交響樂，他把自己對音樂的理想變成了現實；狄更斯（Charles John Huffam Dickens）受理想鼓舞，一舉成為了英國維多利亞時代最偉大的小說家，克服了生活上的貧困。

人人都有各自的不利因素。有些是與生俱來的缺點，也有些不利因素是我們自己造成的。但不管怎樣，你都不要讓這些不利因素毀掉了你的遠見。

第四，缺乏洞察力會限制你的遠見。

實際上遠見就是在人生的巨大畫卷中看到、想到當前的

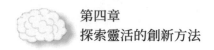
情景與未來的前景。因此說，是否具有洞察力是對遠見十分
重要的。

英國《泰晤士報》（*The Times*）董事長兼主編諾思克利
夫勛爵（1st Viscount Northcliffe）的曾受到將會完全失明的
威脅。然而當眼科專家為他檢查時，卻沒有發現一點問題。
弄清楚他的工作方式之後，專家認為他必須改變一下視角，
多看遠處的物體。他閱讀細小的印刷字樣和看近距離的東西
太多了。

在 19 世紀，曾有人和向美國政府提出議案，取消專利
局，理由是他覺得不會再有人能發明什麼有價值的東西了。
想一想自 1900 年以來的科技進步，你會明白，那樣一個議
案，真是令人難以置信。

如果你的洞察力不行，可以試試換一個角度看問題。

你不妨研究一下歷史，研究其他民族的文化。接著在分析
當前的事物時留意將來，就像法蘭克‧蓋思所說：「只有看到
別人看不到的事物的人，才能做到別人不能做到的事情。」

第五，既有的地位能限制你的遠見。

你無法選擇出身、姓氏和外貌，因為你天生就處於一種
身不由己的環境中。然而，隨著年歲的增長，你的選擇就會
越來越多。你可以選擇在哪裡居住，跟誰結婚，做什麼工
作，你可以選擇人生的方向。

年紀越大的人，就要做出越多的人生選擇，就越應該為自己的處境負責。

許多人卻不是如此想的，他們認為目前的處境決定了他們的命運。他們向環境屈服，覺得別無選擇。

你可不能有這樣的想法，在過去，這種觀點也許沒錯，但現在看來卻大錯特錯的。

假如你有要做成一件事的強烈的願望，並樂意為之付出代價的話，差不多所有事情都是可能的。無論你目前的地位多麼卑微，別讓它剝奪了你的遠見，成為胸無大志的人。

要使你的遠見成為現實

要想讓自己的遠見真正有價值，光有自信心還不夠，還要有一種與之配合的使遠見變為現實的能力。

有遠見但不能把它變成現實的人，只能是個空想家。

拿破崙·希爾的成功學說明了實現你遠見的指導原則，下面便是幾個重要的指導原則：

第一，你必須先確定你的遠見。

這個觀點儘管非常簡單，但實現遠見總得由確定這個遠見開始。

對某些人來說這實在是太容易了，因為他好像生來就有一種遠見卓識；另一些人則需要經過長時間的沉思、考慮、祈禱才能獲得這種本領。

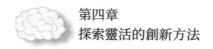

倘若你想成功，就必須多想幾步，確定你人生的遠見。

你的遠見必須由你自己來定，如果那不是你自己的遠見，你就不會有實現它的決心與衝勁。

遠見必須以你的才能、夢想、希望與激情為基礎。

另外，遠見有時也不想像它還會對別人產生積極的影響 —— 尤其是當一個人的遠見與他人的命運（特別是他人存在的目的）不謀而合時。

第二，考察一下你當前的生活。

要把你自己的遠見變成現實不是一朝一夕的事，需要一個遞進的過程，就像一次旅程一樣。

你決定去旅行之後，首先要做的事情之一，就是決定出發點，倘若沒有這個出發點，就不可能規劃出旅行路線和目的地。

考察當前生活的另一個目的是規劃行程，並估算此行的費用。

一般而言，你離自己的遠見越遠，所花的時間就越多，代價就越大。沒有付出就不會有所收穫。

第三，為大遠見放棄小選擇。

所有夢想的實現都是有代價的。為了實現你的遠見，就必須要做出犧牲，其中一個涉及到你的其他的選擇。你不可能一面追求你的夢想，一面保留著你別的選擇。

　　美國人就很不能理解這一點。因為美國文化很強調選擇的自由。整個自由市場體制都是建立在這個基礎上的。

　　多種選擇不是壞事，能夠為你提供更多的機會。但對於想取得成功的人，有時你卻必須放棄種種選擇來交換那個唯一的夢想。

　　這情形有點像一個人來到岔路口，面臨幾種前進道路的選擇。他可以選擇一條能通往目的地的路，他也可以哪一條都不走，可是這樣他就永遠達不到目的地。

　　第四，讓自己的遠見來規劃自己的成長道路。

　　確定了自己的遠見後，就要為實現這一遠見選擇一條屬於自己的道路，並在這條路上堅持不懈以為自己能夠從生活的一個階段向另一個階段進步而不用改變自己，是在自欺欺人。人生的所有積極轉變必定需要個人成長，因為個人成長是實現遠見的必經之路。

　　因此你能訂出的最具策略性的計畫，是按你的遠見來規劃你的成長道路。

　　想一想要實現理想你必須做些什麼。接著確定，要成為你想做的那種人，你需要學習些什麼。翻閱一些書籍、看一些紀錄片，來吸取一些別人成長過程中成功的經驗。

　　第五，多接觸一些成功人士。

　　多與成功人士接觸，是實現遠見的最佳方法。透過觀察

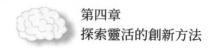

他們，向他們請教，慢慢地，你就會跟他們一樣看問題。

俗話說得好：「進朱者赤，進墨者黑。」

第六，不斷地增強實現夢想的信心。

實現夢想要求你不間斷努力，並發揮出最大的衝勁。

加強韌性與衝勁的方法之一，是持續地增強你對自己夢想的後。用語言向別人講同時默默地對自己講。保持一種積極的充滿信心的狀態。就算一時遇到挫折，也要一心一意，保持信心。外在的信心會帶來內在的信心。

如果你失去自信及對自己夢想的信心，那你的夢想永遠不能實現。

第七，要預見到會有人反對你的夢想。

必須保持PMA心態，因為你必定會碰到不支持的意見。

那些自己沒有夢想的人是不可能理解你的夢想的，他們會覺得你的夢想不可能實現並對你說你，你的夢想一文不值。

即便他們明白到它的價值，他們也會說，就算這是可以實現的，但絕不會是由你來實現。碰到別人不支持時，你不必驚慌，而應有思想準備。

你必須抱著永不消沉的PMA心態。

第八，你不能把有NMA心態的人當作自己的密友。

用善意和熱情對待你接觸到的所有的人，即使是消極的

人，這是正確的行為，但是與他們深交就是錯誤而且危險的，因為這些人不停地向你灌輸他們的疑慮與消極觀點，你逐漸也會那樣思考的。

一旦你相信自己的理想實現不了時，那它就真的沒辦法實現了。

第九，你盡可能地尋找實現理想的每條途徑。

為了實現理想，你必須不斷地尋找一切對你有幫助的東西。

要樂於嘗試新事物，到處尋找好主意。要善於觀察。

在別的領域效果很好的主意，在你這裡也可能有全神貫注於你自己的理想，但對走哪條路才能實現理想，則應抱靈活的態度。

創新精神是實現理想的路燈，一旦你關上電源，路燈就無法為你照亮，你也就看不到通往理想的道路了。

以上提到的種種方法，都有助於你實現自己的理想。但是，如果你不願意超越自己，這些方法也就不會發揮什麼作用了。

要知道，不付出或不想付出全部努力是永遠實現不了理想的。

電子書購買

爽讀 APP

國家圖書館出版品預行編目資料

思維革新，創造無限潛能：突破自我限制，讓自己換個角度思考 / 殷仲桓，邢春如 編著 . -- 第一版 . -- 臺北市：崧燁文化事業有限公司 , 2024.05
面 ； 公分
POD 版
ISBN 978-626-394-243-1(平裝)
1.CST: 思考 2.CST: 創造性思考 3.CST: 思維方法
176.4 113005202

思維革新，創造無限潛能：突破自我限制，讓自己換個角度思考

臉書

編　　　著：殷仲桓，邢春如
發　行　人：黃振庭
出　版　者：崧燁文化事業有限公司
發　行　者：崧燁文化事業有限公司
E - m a i l：sonbookservice@gmail.com
粉　絲　頁：https://www.facebook.com/sonbookss/
網　　　址：https://sonbook.net/
地　　　址：台北市中正區重慶南路一段六十一號八樓 815 室
Rm. 815, 8F., No.61, Sec. 1, Chongqing S. Rd., Zhongzheng Dist., Taipei City 100, Taiwan
電　　　話：(02) 2370-3310　　　傳　　　真：(02) 2388-1990
印　　　刷：京峯數位服務有限公司
律師顧問：廣華律師事務所 張珮琦律師

定　　　價：320 元
發行日期： 2024 年 05 月第一版
◎本書以 POD 印製
Design Assets from Freepik.com